Educação de jovens e adultos:
a educação ao longo da vida

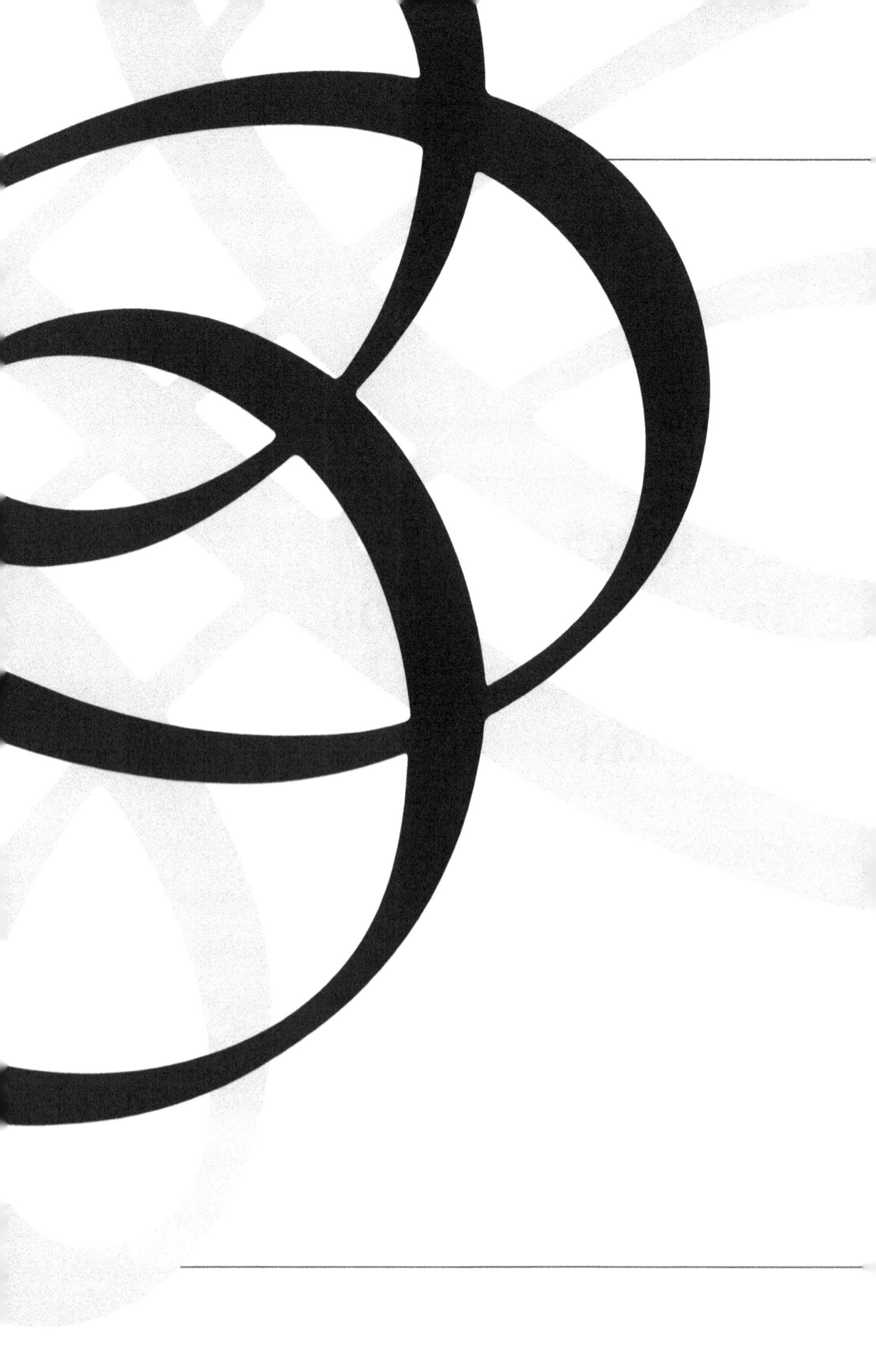

Educação de jovens e adultos: a educação ao longo da vida

Cláudia Regina de Paula
Marcia Cristina de Oliveira

EDITORA intersaberes

EDITORA intersaberes

Rua Clara Vendramin, 58 . Mossunguê
CEP 81200-170 . Curitiba . PR . Brasil
Fone: (41) 2106-4170
www.intersaberes.com
editora@editoraintersaberes.com.br

Conselho editorial	Dr. Ivo José Both (presidente) Dr³. Elena Godoy Dr. Nelson Luís Dias Dr. Neri dos Santos Dr. Ulf Gregor Baranow
Editora-chefe	Lindsay Azambuja
Supervisora editorial	Ariadne Nunes Wenger
Analista editorial	Ariel Martins
Preparação de originais	André Pinheiro
Capa	Mayra Yoshizawa
Fotografia da Capa	Jhonny Isac
Projeto gráfico	Bruno Palma e Silva

1ª edição, 2012.

Dados Internacionais de Catalogação na Publicação (CIP)
(Câmara Brasileira do Livro, SP, Brasil)

Paula, Cláudia Regina de
  Educação de jovens e adultos: a educação ao longo da vida / Cláudia Regina de Paula, Marcia Cristina de Oliveira. – Curitiba: InterSaberes, 2012.

  Bibliografia.
  ISBN 978-85-8212-285-3

  1. Educação de adultos 2. Educação de jovens I. Oliveira, Marcia Cristina de II. Título.

12-09211   CDD-374.012

Índices para catálogo sistemático:
1. Alfabetização de jovens e adultos: Educação 374.012

Foi feito o depósito legal.

Informamos que é de inteira responsabilidade das autoras a emissão de conceitos.

Nenhuma parte desta publicação poderá ser reproduzida por qualquer meio ou forma sem a prévia autorização da Editora InterSaberes.

A violação dos direitos autorais é crime estabelecido na Lei n. 9.610/1998 e punido pelo art. 184 do Código Penal.

Sumário

Apresentação, 7

Introdução, 9

1 Caminhos da Educação de Jovens e Adultos, 15

1.1 Conquistas e desafios, 15 | 1.2 Os marcos legais da EJA, 23 | 1.3 Políticas e programas de EJA, 29 | 1.4 A importância dos fóruns de EJA: uma década de mobilização cidadã, 38

2 Identidades da Educação de Jovens e Adultos, 45

2.1 Os contextos, 45 | 2.2 Os sujeitos, 50 | 2.3 Os educadores, 60

3 Saberes e fazeres na Educação de Jovens e Adultos, 69

3.1 Paradigmas e concepções, 69 | 3.2 Currículo, 74 | 3.3 Metodologias, 80

Considerações finais, 85
Referências, 87
Sites para pesquisa, 93
Sobre as autoras, 95

Apresentação

Aos esfarrapados do mundo e aos que neles se descobrem e, assim descobrindo-se, com eles sofrem, mas, sobretudo, com eles lutam.
(Freire, 1987, p. 23)

Este livro, apresenta aspectos fundamentais da constituição do campo da Educação de Jovens e Adultos (EJA).

Atualmente compreendida como uma modalidade da Educação Básica, conforme a Lei n° 9.394, de 20 de dezembro de 1996, Lei de Diretrizes e Bases da Educação Nacional – LDBEN (Brasil, 1996), a EJA tem merecido, embora tardiamente, atenção especial por parte da legislação, dos governos e das instituições de ensino superior. Isso se dá tanto pelo desafio que acarreta aos sistemas educacionais – de acordo com o Instituto Brasileiro de Geografia e Estatística (IBGE) hoje no Brasil cerca de 10% da população acima de 15 anos é considerada analfabeta (IBGE, 2008) – quanto pela mudança dos paradigmas que passaram a orientar o campo educacional. A EJA é considerada direito público subjetivo, como previsto na Constituição Federal de 1988 (Brasil, 1988), e expressão máxima daquilo que se entende por educação ao longo da vida, cuja proposta foi feita em Jontiem, na Conferência Mundial sobre Educação para Todos (1990). Nesse contexto, ela assume, sob muitos aspectos, o caráter de prioridade no campo das políticas públicas.

O primeiro capítulo desta obra aborda a história da EJA: os marcos legais e as principais políticas e programas existentes. Pretendemos possibilitar uma leitura histórica e crítica acerca dos principais aspectos constituintes da EJA no Brasil, assim como provocar a reflexão para as conquistas e os desafios que se colocam para esse campo educacional. Nesse aspecto, a alfabetização e a escolarização de milhões de brasileiros é a pauta principal das políticas públicas.

O capítulo 2 enfoca a EJA sob a perspectiva das identidades dos sujeitos e dos contextos do universo dessa modalidade de educação. Quem são os educandos e os educadores? Quais as respectivas demandas? Em quais contextos vivem e buscam as suas sobrevivências e a concretização de seus sonhos e direitos? Que propostas e inovações podem nortear a formação de educandos e educadores na perspectiva da autonomia e do compromisso com a transformação das respectivas realidades?

O capítulo 3 articula a temática do capítulo anterior, que serve de base e ponto de partida para a definição de currículos e programas voltados à aprendizagem ao longo da vida. Nesse sentido, retoma o legado dos movimentos populares e de Paulo Freire como referenciais maiores, imprescindíveis, na luta pela defesa de uma EJA de qualidade e emancipadora. Destaca, ainda, os princípios que devem orientar a definição de objetivos, as estratégias metodológicas e a avaliação das aprendizagens.

Esperamos, com este material, oferecer um panorama sobre aquilo que existe de mais significativo sobre a EJA no Brasil, tendo a certeza de que não estamos esgotando as reflexões e as abordagens existentes, mas contribuindo para a formação inicial dos profissionais que pretendem atuar nesse campo diferenciado da educação.

Boa leitura!

As autoras

Introdução

A Educação de Jovens e Adultos (EJA) se expressa, na contemporaneidade, como um conjunto de desafios educativos que busca dar resposta aos problemas decorrentes das desigualdades socioeconômicas, políticas e culturais que afetam a humanidade em escala global.

> *A educação de adultos, dentro desse contexto, torna-se mais que um direito: é a chave para o século XXI; é tanto consequência do exercício da cidadania como condição para uma plena participação na sociedade. Além do mais, é um poderoso argumento em favor do desenvolvimento ecológico sustentável, da democracia, da justiça, da igualdade entre os sexos, do desenvolvimento socioeconômico e científico, além de ser um requisito fundamental para a construção de um mundo onde a violência cede lugar ao diálogo e à cultura de paz baseada na justiça.*
> (Unesco, 1997)

O século XX deixou um legado de grandes conquistas no campo dos direitos humanos: do ponto de vista da política, os processos de mobilização e reivindicação pelos direitos individuais e coletivos conquistaram espaço e se legitimaram nos textos das legislações. Graças aos avanços tecnológicos, as mudanças culturais e sociais pareceram alcançar todos os cantos do planeta, nos permitindo vislumbrar, de maneira inédita, a possibilidade de compartilharmos, quase que universalmente, uma concepção de dignidade, de solidariedade e de justiça social. Entretanto, ainda permanecem como característica, apesar dos efeitos globalizantes, as desigualdades sociais e educacionais. Entretanto, tais mudanças também contribuíram para (res)significar o papel e a importância da educação para as pessoas e para as sociedades. Mais que um anexo ou uma experiência pontual no espaço e no tempo, a educação formal passou a ser compreendida como um processo dinâmico, integrado ao desenvolvimento humano em sentido amplo e permanente. Ela é, portanto, meio e fim para a consolidação de culturas e realidades mais sustentáveis. Nesse sentido, também são configuradas a compreensão da Educação de Jovens e Adultos, conforme assinala Di Pierro (2005, p. 1119-1120):

Frente ao mundo inter-relacionado, desigual e inseguro do presente, o novo paradigma da educação de jovens e adultos sugere que a aprendizagem ao longo da vida não só é um fator de desenvolvimento pessoal e um direito de cidadania (e, portanto, uma responsabilidade coletiva), mas também uma condição de participação dos indivíduos na construção de sociedades mais tolerantes, solidárias, justas, democráticas, pacíficas, prósperas e sustentáveis. A educação capaz de responder a esse desafio não é aquela voltada para as carências e o passado (tal qual a tradição do ensino supletivo), mas aquela que, reconhecendo nos jovens e adultos sujeitos plenos de direito e de cultura, pergunta quais são suas necessidades de aprendizagem no presente, para que possam transformá-lo coletivamente.

Pensar, propor e realizar uma educação voltada a jovens e adultos nesse cenário é mais que um desafio: é assumir a responsabilidade histórica de contribuir para a consolidação de um legado construído na diversidade dos movimentos que lutaram e lutam pela democratização do nosso país.

A Educação de Jovens e Adultos, como veremos, não atende apenas a uma peculiaridade brasileira ou de países em desenvolvimento, mas se ampara em políticas internacionais, o que a torna um desafio educacional global. A Organização das Nações Unidas para a Educação, a Ciência e a Cultura (Unesco), em parceria com o governo brasileiro, realizou em 2009, em Belém do Pará, a VI Confitea (Conferência Internacional de Educação de Adultos – 2009), que resultou na publicação do documento "Marco de Ação em Belém". Esse documento frisou que a aprendizagem ao longo da vida constitui "uma filosofia, um marco conceitual e um princípio organizador de todas as formas de educação, baseada em valores inclusivos, emancipatórios, humanistas e democráticos, sendo abrangente e parte integrante da visão de uma sociedade do conhecimento" (Unesco, 2010, p. 3-4). O documento destaca ainda a natureza intersetorial e integrada da educação e da aprendizagem de jovens e adultos, bem como a relevância social dos processos formais, não formais e informais e a sua contribuição fundamental para o futuro sustentável do planeta. Interessa-nos, também, problematizar o conteúdo desses documentos produzidos acerca da EJA, os quais assumem fundamental importância para o debate do tema no país e no mundo:

> *Apoiamos a definição de educação de adultos inicialmente estabelecida na Recomendação sobre o Desenvolvimento da Educação de Adultos adotada em Nairóbi em 1976 e aprofundada na Declaração de Hamburgo em 1997, qual seja, a educação de adultos engloba todo processo de aprendizagem, formal ou informal, em que pessoas consideradas adultas pela sociedade desenvolvem suas capacidades, enriquecem seu conhecimento e aperfeiçoam suas qualificações técnicas e profissionais, ou as redirecionam, para atender suas necessidades e as de sua sociedade.* (Unesco, 2010, p. 5)

Ventura (2008) ressalta que, embora o tema "educação continuada ao longo de toda a vida" apareça como um novo paradigma da EJA, na Declaração de Hamburgo (Unesco, 1997), referendada pelo Parecer nº 11/2000 do Conselho Nacional de Educação (Brasil, 2000a), que institui a função qualificadora, atribuiu-se à EJA a "atualização de conhecimentos por toda a vida". Mas, ainda segundo Ventura (2008, p. 103), em 1972, a Comissão Internacional para o Desenvolvimento da

Educação, criada pela Unesco, apresentou o *Relatório Aprender a Ser* (mais conhecido como *Relatório Faure*, nome do presidente da Comissão), enfatizando o conceito de educação permanente. Em 1996, o *Relatório para a Unesco da Comissão Internacional sobre Educação para o Século XXI*, elaborado de 1993 a 1996 e divulgado no livro *Educação: Um Tesouro a Descobrir* (*Relatório Delors*, nome do presidente da Comissão), apresentou os desafios aos quais a educação, em âmbito mundial, deveria responder no próximo milênio.

Os capítulos desta obra buscam analisar esse processo, de modo a contribuir para a constituição de práticas pedagógicas inovadoras e comprometidas com a mudança do cenário da Educação de Jovens e Adultos no Brasil.

Capítulo um

Caminhos da Educação de Jovens e Adultos

Neste capítulo, será abordada a constituição histórica do campo da Educação de Jovens e Adultos (EJA), bem como os principais fatores que contribuíram para o seu reconhecimento como direito educativo. Será também apresentado um quadro atualizado da EJA no Brasil, com base nas identidades e especificidades traduzidas na perspectiva inclusiva da educação.

1.1 Conquistas e desafios

A conquista dos direitos educativos encontra na EJA um exemplo de luta e de (re)criação de paradigmas educacionais. A história da EJA nos revela um processo de avanços e recuos, tendo uma dinâmica específica a partir do século XX. Se, por um lado, é nesse período que o Brasil avança na consolidação de sua identidade e autonomia política e econômica enquanto nação de vocação própria, por outro, as lutas sociais também vão consolidando e conformando sua identidade cultural.

Nesse processo a EJA acumulou muitas especificidades, as quais lhe atribuem, nos dias atuais, uma forte identidade. Elaborar uma proposta para a EJA implica, portanto, clareza dos contextos, das particularidades e dos objetivos. Ao abordarmos alguns aspectos dessa história, veremos o quanto esses objetivos vêm se transformando.

No período da colonização, a educação brasileira baseava-se nos pressupostos da evangelização. Conquistar as terras brasileiras passava pelo desafio de aculturar os povos aqui existentes. Romão e Gadotti (2007, p. 63) atestam as intenções educativas dos jesuítas:

> *Somente após quase meio século da "descoberta do Brasil" é que se iniciou a atividade educativa no país, com a chegada dos Jesuítas em 1549, voltada, fundamentalmente, para a aculturação da população ameríndia, por intermédio do Ratio Studiorium que se baseava nos estudos clássicos. "Ao ministrarem aos índios, já adultos, as primeiras noções da religião católica, bem como da cultura ocidental", como afirmava Fernando Azevedo (1971, p. 515), pode-se dizer que aí começava a educação de adultos no país.*

Com a saída dos jesuítas do país, o novo cenário político não consolidou na educação um sistema diferenciado. Permanecem, até os dias atuais, muitas das características do paradigma confessional e conservador, aliado à descentralização e dispersão das responsabilidades no âmbito educacional. Muitas das práticas e concepções ainda existentes na EJA foram impregnadas dessas influências iniciais. Podemos considerar que esses primórdios da educação são fundamentais para compreendermos como se constituiu a EJA no Brasil. Romão e Gadotti (2007, p. 64) caracterizam brevemente esse período e as consequências para o perfil da escolarização da população brasileira:

> *Com a independência, ainda que a Constituição outorgada de 1824 previsse a "instrução primária e gratuita para todos os cidadãos" (art.179), na prática nada foi implementado para se atingir este alvo.*

Durante todo o período imperial, a educação de adultos ficou por conta das diferentes províncias que tinham que arcar com, praticamente, todo o ensino das primeiras letras. Por isso o Brasil chega ao final do império com cerca de 85% de sua população analfabeta.

As primeiras décadas do período republicano praticamente não lograram uma mudança significativa desse cenário. O fato de a educação elementar ser mantida como responsabilidade dos estados e municípios não favoreceu o desenvolvimento de um sistema educacional articulado e forte, principalmente quando considerado o período da República Velha (1889-1930). Ainda que a questão do analfabetismo continuasse na pauta educativa, a falta de estrutura dos estados e dos municípios impediu que a EJA garantisse uma agenda específica na pauta das políticas públicas.

Esse movimento mais sistemático de responsabilização do Estado, aliado à criação de políticas mais efetivas, começou a ocorrer somente a partir da década de 1940, período em que também se observou o crescente processo de industrialização e reconfiguração política no Brasil. Nesse aspecto, tanto a primeira transição democrática vivida no país quanto o final da Segunda Guerra Mundial impactaram o campo conceitual educacional. As demandas de uma agenda fundamentada na garantia dos direitos humanos, assim como as contribuições de outros campos de conhecimento, passaram a redefinir paradigmas educacionais cada vez mais progressistas e inclusivos.

A EJA, a partir do pós-guerra, passou a consolidar conquistas de diferentes características. Romão e Gadotti (2007) apresentam uma divisão didática que organiza esse período em 3 blocos temporais:

Quadro 1.1 – Breve História - Características da EJA*

Período	Características da EJA
1946-1958	Período das grandes campanhas voltadas à erradicação do analfabetismo, entendido como causa do subdesenvolvimento, uma "doença a ser curada". Tal interpretação aprofundou o caráter assistencialista da EJA. A EJA não logrou integração ao sistema educacional, mas seria foco episódico de atenção deste. Destaque para a Campanha de Educação de Adultos*, que mais adiante consolidaria a implantação do "ensino supletivo", presente até hoje na cultura da educação de jovens e adultos nacional.
1958-1964	Esse período é marcado pelo avanço de um movimento crítico no âmbito das políticas sociais. O analfabetismo deixa de ser compreendido como causa e passa ser interpretado como um dos efeitos do subdesenvolvimento e das desigualdades socioeconômicas. Nesse cenário, as contribuições de Paulo Freire ganham visibilidade e ele é convidado a encabeçar a elaboração do Plano Nacional de Alfabetização de Adultos. Destaque para o surgimento do Centro Popular de Cultura (CPC) e do Movimento de Educação de Base (MEB), como ações que fortaleceriam a consolidação do paradigma de uma educação popular humanizadora e emancipadora dos sujeitos envolvidos. No Brasil, Paulo Freire e suas teorias passam a ser marco paradigmático na revolução do pensamento pedagógico como um todo e, mais especificamente, da EJA.

(continua)

* Campanha implementada pelo professor Lourenço Filho, constituiu-se um programa voltado à alfabetização, à formação profissional e ao desenvolvimento comunitário. Foi estruturado nos seguintes momentos: três meses para a alfabetização inicial; sete meses para a pós-alfabetização; sete meses para estudos equivalentes às quatro séries inicias do ensino primário. O programa previa ainda uma segunda etapa, voltada para a profissionalização e o desenvolvimento comunitário. Apesar de apresentarem resultados significativos, principalmente na questão da articulação das ações governamentais, além da mobilização diferenciada dos segmentos interessados nessa questão, tais experiências não alcançaram êxito nas áreas rurais e, no final da década de 1950, o programa deixou de existir.

	(Quadro 1.1 – conclusão)
1964-1985	Esse período representa um rompimento histórico com os processos democráticos e o retorno a concepções mais conservadoras no âmbito da EJA. A ditadura militar esvaziou as ações educativas de seu sentido ético, político e humanizador (como defendia Freire), atribuindo à educação escolar um caráter moralista e disciplinador, e, à EJA, uma posição cada vez mais assistencialista, do qual a expressão máxima foi o Movimento de Brasileiro de Alfabetização (Mobral). Por outro lado, a sociedade, diante do cerceamento das liberdades e dos direitos, via-se mobilizada a recuperar a radicalidade das concepções e vivências progressistas e a enfrentar tais arbitrariedades alcançando uma crescente organização política que culminaria com o fim da ditadura e com o projeto de redemocratização do Brasil.

Fonte: Elaborado com base em Romão; Gadotti, 2007, p. 69-70.

Essa breve síntese ressalta as fragilidades e descontinuidades que têm marcado o processo de constituição da EJA no âmbito do sistema nacional de educação. A conquista de uma concepção progressista, inclusiva e solidária de educação – renovada em suas bases culturais, sociais e estruturais –, assim como a sua consolidação, exigem compromisso político. Tal comprometimento é necessário também para garantir o acesso e a permanente experiência dos direitos educativos em sua plenitude.

A EJA, a partir de meados da década de 1980 e, na primeira metade dos anos 2000 caminhou em duas grandes frentes: uma que reúne um conjunto de ações de governo e outra que reúne ações da sociedade civil organizada e dos movimentos populares. Além disso, o surgimento e a consolidação dos fóruns de EJA, a partir de 1996, passaram a agregar a essa história a força da mobilização e do debate em torno das políticas públicas voltadas a esse segmento específico da população. De certa forma, a incorporação do legado de conquistas (legislação, concepções e experiências) é mais perceptível nas frentes de ação conectadas aos movimentos populares. No âmbito das ações governamentais, a EJA como ação supletiva e compensatória ainda é muito presente, da mesma forma que o movimento de alfabetização ainda é pensado na perspectiva de campanhas periódicas. Apresentamos a seguir uma breve sistematização das características dessas ações.

Quadro 1.2 – Políticas Públicas – Educação de Jovens e Adultos (1980-2005)

Frentes de ação	Características
Poder Público Federal, Estadual e Municipal *(ações de grande alcance, com características mais universalizantes)*	- Ações conectadas aos sistemas de ensino: escolarização de jovens e adultos na perspectiva do ensino supletivo e na compreensão convencional e conteudista da educação ofertada pela escola. - Previsão de recursos para formação de docentes, aquisição de materiais didáticos, alimentação e transporte dos educandos. - Programas* de alfabetização de jovens e adultos, na perspectiva de campanhas, mas com características de provimento de recursos para organização de núcleos de alfabetização, a aquisição de materiais didáticos, remuneração e formação de docentes. - Viabilizam-se por meio de convênios entre o poder público, o movimento popular e as entidades sociais.
Sociedade Civil e Movimentos Populares *(ações de alcance local, com características mais específicas e identitárias)*	- Forte incorporação do legado construído por Paulo Freire (concepções e práticas) no campo da educação popular. Ações concentradas na esfera da alfabetização, da mobilização política e da garantia da cidadania. São programas** e fóruns*** que se viabilizam também por meio de convênios com os governos (municipais, estaduais e federais) e as empresas privadas, na perspectiva de incorporar as identidades locais e regionais dos segmentos envolvidos, ampliando as possibilidades de educação como instrumento de transformação das realidades dos educandos.

---

* Fundação Educar (1985, Governo José Sarney); Alfabetização Solidária (1997, Governo Fernando Henrique Cardoso); Brasil Alfabetizado (2003, Governo Luiz Inácio Lula da Silva).

** São exemplos de programas de alfabetização: os movimentos de alfabetização (Mova São Paulo; Mova Belém; Mova-Brasil); BB Educar; SESC Ler, entre outros.

*** São exemplos de fóruns: os fóruns de EJA e de Mova; os encontros regionais e nacionais (Eneja); e, mais recentemente, a criação da Comissão Nacional de Alfabetização e de Educação de Jovens e Adultos (CNAEJA). Essas são ações de mobilização, de fortalecimento político e de construção de redes sociais voltadas à EJA.

As últimas três décadas não foram suficientes para fazer frente a quase 500 anos de abandono e equívocos: as políticas públicas ainda reverberam o imaginário de campanhas de alfabetização em processos acelerados de escolarização; o financiamento dos diferentes segmentos e modalidades da educação é alvo de recursos diferenciados; as práticas pedagógicas e os materiais didáticos ainda refletem uma concepção assistencialista e infantilizada dos educandos adultos. Nosso desafio de alfabetizar os brasileiros ainda permanece: são cerca de 14,2 milhões considerados analfabetos (IBGE, 2008). Sob esse aspecto, diferenças regionais ainda são uma marca. Segundo dados do Mapa do Analfabetismo no Brasil (2003, p. 6), as regiões mais pobres e periféricas são aquelas que concentram os maiores índices de analfabetismo.

Tabela 1.1 – Taxas de analfabetismo no Brasil 1900-2000

Ano	População de 15 anos ou mais		
	Total	Analfabeta	Taxa de analfabetismo
1900	9728	6348	65,3
1920	17564	11409	65
1940	23648	13269	56,1
1950	30188	15272	50,6
1960	40233	15964	39,7
1970	53633	18100	33,7
1980	74600	19365	25,9
1991	94891	18682	19,7
2000	119533	16295	13,6

Fonte: Adaptado de Brasil, 2003, p. 6.

Desafios à parte, é importante destacar que nunca estivemos tão preparados e abertos para enfrentar tais realidades e assumir o compromisso com a construção de um país menos desigual.

Em certa medida, foi a partir da década de 1990 que passamos a vislumbrar e a consolidar novas possibilidades para a EJA diretamente articulada aos processos de (re)construção da sociedade brasileira nos seus diferentes âmbitos: político, cultural, econômico e social. Ninguém duvida que os avanços são muitos e que, nestas primeiras décadas do século XXI, o país vive uma temporada de maturidade e estabilidade em que as ideias de justiça social, de ética na política e de pleno acesso aos direitos são pauta de negociação permanente entre poder público e sociedade civil. A educação, nesse contexto, é entendida como meio e fim para a participação crítica e comprometida com a mudança e com a sustentabilidade. A EJA ganha espaço para ser pensada e consolidada na perspectiva segundo a qual autonomia e criatividade são bases para o desenvolvimento.

> **LEITURA COMPLEMENTAR**
>
> *A Unesco define analfabeto funcional como toda pessoa que sabe escrever seu próprio nome, assim como lê e escreve frases simples, efetua cálculos básicos, porém é incapaz de interpretar o que lê e de usar a leitura e a escrita em atividades cotidianas, impossibilitando seu desenvolvimento pessoal e profissional. Ou seja, o analfabeto funcional não consegue extrair o sentido das palavras, colocar ideias no papel por meio da escrita, nem fazer operações matemáticas mais elaboradas.*
>
> *No Brasil, o índice de analfabetismo funcional é medido entre as pessoas com mais de 20 anos que não completaram quatro anos de estudo formal. O conceito, porém, varia de acordo com o país. Na Polônia e no Canadá, por exemplo, é considerado analfabeto funcional a pessoa que possui menos de 8 anos de escolaridade.*
>
> *Segundo a Declaração Mundial sobre Educação para Todos, mais de 960 milhões de adultos são analfabetos, sendo que mais de 1/3 dos adultos do mundo não têm acesso ao conhecimento impresso e às novas tecnologias que poderiam melhorar a qualidade de vida e ajudá-los a adaptar-se às mudanças sociais e culturais.*

> *De acordo com esta declaração, o analfabetismo funcional é um problema significativo em todos os países industrializados e em desenvolvimento. No Brasil, 75% das pessoas entre 15 e 64 anos não conseguem ler, escrever e calcular plenamente. Esse número inclui os 68% considerados analfabetos funcionais e os 7% considerados analfabetos absolutos, sem qualquer habilidade de leitura ou escrita. Apenas 1 entre 4 brasileiros consegue ler, escrever e utilizar essas habilidades para continuar aprendendo.*
>
> *Mas como resolver essa situação? Como baixar esses números alarmantes? [...]*

Fonte: Prieto, 2011.

1.2 Os marcos legais da EJA

A década de 1980 se configurou um período em que a educação recebeu crescente atenção por parte dos mais diferentes segmentos da sociedade: se por um lado as transformações econômicas e tecnológicas criaram novas demandas de letramento, também é verdade que a permanente reafirmação da educação como direito humano impactou de maneira qualitativa o cenário educacional. No Brasil, esse processo coincidiu com a redemocratização do país e com a demanda pela mudança na cultura da gestão dos saberes no âmbito da escola: gestão das relações, gestão do currículo e gestão dos espaços voltados às aprendizagens.

Novos conceitos surgiram e começaram a ser compartilhados pela comunidade. No âmbito internacional, a *Declaração Mundial Sobre Educação Para Todos* (Unesco, 1990) tornou-se um marco desse processo, por estender aos povos do mundo o compromisso de proporcionar oportunidades básicas de aprendizagem, na compreensão da educação como um direito universal. Fundamentado no conhecimento e no compromisso, com 194 países signatários, o Plano de Ação foi concebido como referência para governos, organismos internacionais e instituições comprometidas com a educação. Desde então, principalmente os profissionais que atuam na educação e, em menor alcance, a sociedade de maneira geral, estão desafiados a propor e a implementar processos educativos que se orientem pelo conceito ampliado de educação, o qual abarca, entre outras, as seguintes características: a reafirmação do direito de todos à educação; o reconhecimento de que a educação acontece ao longo da vida, e não somente em um período específico do desenvolvimento humano; o reconhecimento da educação como algo maior que os processos de escolarização – sendo este fundamental, mas não único –, e que tais processos também acontecem em diferentes âmbitos da sociedade; a centralidade dos sujeitos e dos processos de aprendizagem.

Tal concepção ampliada de educação trouxe muitas e diferentes implicações, não somente para os sistemas públicos de ensino, mas também para a sociedade civil organizada e para as comunidades de maneira geral. A considerar pelas práticas e ações em curso, as mudanças apontam para a necessidade urgente de: democratizar a escola pública considerando o princípio da qualidade como a garantia do acesso, da permanência e da inclusão de todos (crianças, jovens e adultos) no sistema de ensino; buscar a criação de um sistema de educação do qual fazem parte diferentes instituições e agentes educativos que, ao comporem tal rede, ampliam a diversidade de ofertas educativas segundo as diferentes demandas locais; democratizar a gestão dos sistemas de modo a garantir o atendimento das especificidades culturais, sociais e pedagógicas das comunidades e sujeitos atendidos; garantir formação inicial e continuada dos profissionais da educação, de modo que possam, além de acompanhar as mudanças, serem eles mesmos os agentes de mudança; produzir e distribuir subsídios que favoreçam o acesso, a construção e a disseminação dos conhecimentos relativos ao campo.

Desde a promulgação da Lei de Diretrizes e Bases da Educação Nacional – LDBEN, em 1996, as reformas educacionais em curso no Brasil aos poucos começaram a incorporar tal concepção e suas implicações. Processo muito lento na prática, as mudanças são alcançadas principalmente quando desencadeadas com o envolvimento e a participação da comunidade escolar na elaboração e implementação das propostas e dos projetos.

As mudanças atingiram de maneira especial a EJA. Eternamente relegada a espaços menores do sistema de ensino, ou se constituindo como campo de ação dos movimentos populares e de entidades da sociedade civil organizada, foi a partir dos anos 1990 que a EJA retornou ao cenário nacional, repondo as antigas e novas questões à sociedade brasileira. O conceito de EJA, consensualizado na V Confitea, realizada em Hamburgo no ano de 1997 (Unesco, 1997), passou a ser um marco referencial conceitual e legislativo para profissionais e instituições, além de sistemas que desenvolvem projetos e programas de alfabetização e de escolarização de jovens e adultos, que já vinham se comprometendo com a construção de uma realidade educacional mais progressista e plural. A conferência desdobrou e ampliou para a EJA a concepção de educação para todos ao longo da vida. Teve como produto principal, além da produção da Declaração de Hamburgo, a elaboração de uma "Agenda para o Futuro", organizada em eixos temáticos considerados os principais focos de atenção das ações e políticas.

Em contraposição ao conceito restrito e compensatório que marcou a EJA ao longo de sua história, o art. 3 da Declaração de Hamburgo sintetiza essa mudança de concepção ao propor que:

A educação de adultos pode modelar a identidade do cidadão e dar um significado à sua vida. A educação ao longo da vida implica repensar o conteúdo que reflita certos fatores, como idade, igualdade entre os sexos, necessidades especiais, idioma, cultura e disparidades econômicas. Engloba todo o processo de aprendizagem formal e informal, onde pessoas consideradas 'adultas' pela sociedade desenvolvem suas habilidades, enriquecem seu conhecimento e aperfeiçoam suas qualificações técnicas e profissionais, direcionando-as para a satisfação de suas necessidades e as de sua sociedade. A educação de adultos inclui a educação formal, a educação não formal e o espectro da aprendizagem informal e incidental disponível numa sociedade multicultural, onde os estudos baseados na teoria e na prática devem ser reconhecidos. (Unesco, 1997)

Do ponto de vista do poder público, além das implicações anteriormente descritas, podemos citar como demandas voltadas às especificidades da EJA:

- subsidiar a elaboração de projetos e programas pelas equipes e comunidades escolares, de modo que eles atendam às especificidades e demandas dos jovens e adultos e das comunidades das quais fazem parte;
- prover recursos humanos e financeiros que garantam a implantação das propostas elaboradas coletivamente.

Do ponto de vista da sociedade civil e das instituições comprometidas com os processos de democratização do país e com a garantia dos direitos humanos, podemos considerar os seguintes desafios:

- atuar na perspectiva da cidadania ativa: divulgando e problematizando as ações do poder público e mobilizando as comunidades na luta pelos seus direitos;
- apoiar e favorecer o desenvolvimento de projetos e propostas pedagógicas alinhadas às conquistas do campo e às concepções inovadoras de educação;
- elaborar e disseminar subsídios que fortaleçam sujeitos e comunidades comprometidos com a garantia da EJA.

Tais concepções, assim como suas implicações, expressas na legislação nacional, refletem os avanços e as conquistas da comunidade educativa: a LDBEN; o Plano Nacional de Educação, Lei n° 10.172/2001 (Brasil, 2001); as Diretrizes Curriculares da Educação de Jovens e Adultos – Parecer CEB/CNE n° 11/2000 (Brasil, 2000a); e, mais recentemente, a realização da VI Confitea, em Belém do Pará. A sexta Conferência Internacional de Educação de Adultos reafirmou os compromissos assumidos pelas edições anteriores, especialmente a Declaração de Hamburgo (Unesco, 1997), além de avaliar criticamente o empenho dos países em priorizar em suas agendas as recomendações internacionais no que tange à educação da população jovem e adulta, ressalvando as peculiaridades das questões de gênero, de raça e das populações rurais. Agregamos também a esse conjunto de leis e ações a instituição do Fundo de Manutenção e Desenvolvimento da Educação Básica e de Valorização dos Profissionais da Educação – Fundeb, Lei nº 11.494/2007 (Brasil, 2007), que passou a prever para a EJA recursos vinculados, iniciando, assim, na esfera do financiamento, a viabilidade e a integração dessa modalidade do ensino no âmbito dos sistemas.

Quadro 1.3 – Marcos Legais da Educação de Jovens e Adultos

Documentos	Características
Constituição Federal de 1988 (CF/1988)	- "A educação é direito de todos e dever do Estado e da família." A Carta Magna estabelece o ensino fundamental obrigatório e gratuito, inclusive sua oferta garantida para todos os que a ele não tiveram acesso na idade própria.
Estatuto da Criança e do Adolescente (ECA – Lei n° 8.069/1990)	- O art. 57 ressalta que "o Poder Público estimulará pesquisas, experiências e novas propostas relativas a calendário, seriação, currículo, metodologia, didática e avaliação, com vistas à inserção de crianças e adolescentes excluídos do ensino fundamental obrigatório".

(continua)

(Quadro 1.3 – continuação)

Lei de Diretrizes e Bases da Educação Nacional (LDBEN – Lei n° 9.394/1996)	- Estabelece as Diretrizes e Bases da Educação Nacional. Reafirma os preceitos da CF/1988, além de reconhecer a EJA como modalidade da educação, integrando-a ao sistema regular de ensino, mas garantindo a sua especificidade quanto ao atendimento a ser oferecido.
Parecer n° 5/1997 do Conselho Nacional de Educação (CNE)	- Aborda a questão da denominação "Educação de Jovens e Adultos" e "Ensino Supletivo"; define os limites de idade fixados para que jovens e adultos se submetam a exames supletivos; define as competências dos sistemas de ensino e explicita as possibilidades de certificação.
Parecer n° 12/1997 do Conselho Nacional de Educação (CNE)	- Elucida dúvidas sobre cursos e exames supletivos e outras.
Plano Nacional de Educação (PNE – Lei n° 10.172/2001)	- Aprova o Plano Nacional de Educação, estabelecendo objetivos e metas para as diferentes etapas e modalidades do sistema de ensino, assim como para aspectos relacionados à valorização e formação dos profissionais e ao financiamento da educação. Estabelece a década da alfabetização, assim como o desafio de erradicar o analfabetismo no país.
Resolução CNE/CEB n° 1, de 5 de julho de 2000	- Estabelece as Diretrizes Curriculares Nacionais para a Educação de Jovens e Adultos, garantindo a sua especificidade e, portanto, flexibilizando a sua estrutura e organização quanto à definição de programas e currículos.
Parecer CNE/CEB n° 11/2000	- Documento referencial para a homologação das Diretrizes Curriculares Nacionais para a Educação de Jovens e Adultos. Estabelece as funções da EJA (reparadora, equalizadora e qualificadora); estabelece limites de idade; por fim, reafirma a necessidade de contextualização das propostas curriculares, destacando os princípios de proporção, equidade e diferença.

(Quadro 1.3 – conclusão)

Alterações nos regimentos do Sistema S, em 05 de novembro de 2008 – Senai, Sesi, Senac e Sesc	- Amplia a gratuidade e o número de vagas em cursos técnicos de formação inicial e continuada destinados a alunos e trabalhadores de baixa renda, empregados ou desempregados, em todo o país.
Fundo de Manutenção e Desenvolvimento da Educação Básica e de Valorização dos Profissionais da Educação (Fundeb – Lei 11.494/2007)	- É um fundo de natureza contábil, cuja implantação foi iniciada em 1º de janeiro de 2007. Prevê o atendimento de todo o universo de alunos da educação básica pública presencial. O Fundeb substituiu o Fundo de Manutenção e Desenvolvimento do Ensino Fundamental e de Valorização do Magistério (Fundef), que só previa recursos para o ensino fundamental.

Fonte: Adaptado de Educação de Jovens e Adultos, 2009.

Os avanços da EJA no campo da legislação nacional reafirmam a importância da participação democrática nos processos decisórios de elaboração e implementação das políticas públicas. Se, por um lado, leis por si só não consolidam novas culturas, é impossível imaginar a disseminação de práticas voltadas ao bem comum sem um conjunto de referências que tenham sido compartilhadas e consensualizadas ao longo de um determinado tempo histórico. Essa negociação se dá no campo da compreensão e permanente (res)significação dos direitos educativos e dos direitos humanos, dos quais a legislação é expressão maior.

1.3 Políticas e programas de EJA

O surgimento de cenários mais favoráveis ao progresso das políticas sociais permitiu que as temáticas educacionais recebessem crescente atenção por parte dos mais diferentes segmentos da sociedade: as transformações econômicas e tecnológicas criaram novas demandas de letramento e a permanente reafirmação da educação como direito humano impactou de maneira qualitativa a educação. Ao mesmo tempo, a partir da década de 1980, as políticas de orientação neoliberal e de minimização do papel do Estado perante as questões sociais passaram a determinar uma realidade de crescente exclusão, cada vez mais presente no contexto sociopolítico e econômico brasileiro.

O quadro educacional que se desenhou seguiu a dinâmica da contradição: se por um lado a matrícula das crianças atingiu a casa dos 98%, os números da educação de jovens e adultos permaneceram preocupantes. Em nosso país, 14% da população com 15 anos ou mais é considerada analfabeta, e 21% desse contingente frequentou menos de quatro anos de escola, representando um universo de analfabetos funcionais (IBGE, 2008).

Nesse contexto, acordos internacionais (como a Declaração Mundial de Educação para Todos e a Confitea) e planos educativos* foram firmados, unindo governos e sociedade civil com vistas ao alcance de metas para efetivar o direito à educação para todos, assim como a definição de princípios que devem reger as ações educativas voltadas a essas populações. A EJA tem sido apontada como um campo estratégico e tem ganhado novas dimensões para fazer frente à exclusão e à desigualdade social, sendo entendida como uma via para construção de uma sociedade mais justa, democrática e sustentável.

Os avanços foram significativos no campo legal – a garantia, na Constituição Federal, do direito ao ensino fundamental gratuito, inclusive aos que a ele não tiveram acesso na idade própria – e na

---

* O Plano Nacional de Educação, aprovado em janeiro de 2001, que tem por finalidade orientar as ações do Poder Público nas três esferas da administração, estabeleceu 26 metas para Educação de Jovens e Adultos, destacam-se as seguintes: alfabetizar, em cinco anos, 10 milhões de analfabetos, de modo a erradicar o analfabetismo em uma década; assegurar, em cinco anos, a oferta de educação de jovens e adultos no primeiro segmento do ensino fundamental para 50% da população de 15 anos ou mais; assegurar até o final da década a oferta de cursos equivalentes ao segundo segmento do ensino fundamental para toda a população de 15 anos ou mais; dobrar, em cinco anos, e quadruplicar, em dez anos, a capacidade de atendimento nos cursos de educação de jovens e adultos de nível médio.

definição de metas e princípios educativos para educação de jovens e adultos. No entanto, não tivemos a tradução da lei em políticas públicas permanentes e de qualidade. Pelo contrário: na prática as reformas educativas implantadas se mostraram pouco efetivas no que diz respeito à garantia de direitos constitucionais e na tradução desses princípios em programas eficazes para atendimento da demanda dessa modalidade educativa. Segundo Gentilli (2001, p. 39),

> é evidente que existe uma diferença entre a condição de excluído (um estado) e as dinâmicas de exclusão (um processo). De tal forma, nem toda ação que pretende acabar com o analfabetismo acaba, de fato, com as causas que produzem os processos de exclusão educativa de milhões de indivíduos, um de cujos indicadores é o número de analfabetos existentes em um determinado momento histórico.

Esse processo de substituição do papel do Estado no atendimento educativo de jovens e adultos não escolarizados ou com baixa escolaridade não ocorreu totalmente em sintonia com os princípios e concepções assumidos em documentos oficiais e acordos internacionais. O amplo espectro de experiências e estruturas diferenciadas para atender a essa população confronta-se com a carência de sistematização e de investigação diante dos desafios educativos a serem enfrentados e aos resultados de aprendizagem efetivos desses programas, conforme estatísticas já apresentadas anteriormente.

Coexistem, atualmente, programas organizados pelos governos federal, estadual e municipal, por empresas públicas e privadas e por entidades e organizações da sociedade civil, executando ações de diferentes alcances – nacionais, regionais e locais – voltadas ao combate do analfabetismo jovem e adulto. São os casos, por exemplo, do Programa de Alfabetização e Inclusão – PAI, do governo do Estado de São Paulo (gestão 2002-2006); do Movimento de Alfabetização de Jovens e Adultos – Mova, iniciativas de entidades da sociedade civil organizada, geralmente em parcerias firmadas com o poder público; do EJA Sesc e

Sesc Ler, iniciativas do Sesc Nacional; do Brasil Alfabetizado, iniciativa do Governo Federal, gestões 2003-2006 e 2007-2010.

Essa diversidade apresenta como aspecto positivo o atendimento das especificidades da EJA e, muito provavelmente, um maior alcance de diferentes populações, comunidades e grupos. Não podemos esquecer, porém, a dimensão do território brasileiro, a sua diversidade cultural e as múltiplas realidades de exclusão. Por outro lado, esse cenário pode também representar uma dispersão ou uma sobreposição de recursos, dado que, de maneira geral, tais ações não se dão em contextos participativos de decisão e de articulação das políticas. Muitas vezes, são políticas que ignoram as reais demandas das comunidades, dialogando mais com interesses particulares em detrimento dos interesses públicos.

Nos últimos anos, como resposta a esse descompasso, as propostas oriundas do Governo Federal têm buscado privilegiar a participação de diferentes segmentos da sociedade na definição e gestão das políticas, criando e implementando Grupos de Trabalho (GTs) e Conselhos Gestores de Políticas Públicas.

Um exemplo desse processo foi a criação, em 2004, do Grupo Interministerial da Juventude (GTI), que identificou os principais desafios e concluiu pela necessidade de integrar as ações dos vários ministérios e secretarias nacionais. Desse trabalho, apoiado pelas organizações da sociedade civil, resultou a criação do Conselho Nacional de Juventude e da Secretaria Nacional de Juventude, além do Programa Nacional de Inclusão de Jovens (ProJovem), vinculados à estrutura da Secretaria-Geral da Presidência da República. Nessa perspectiva, o Governo Federal pretendeu promover um conjunto de políticas articuladas para atender ao segmento na faixa etária entre 15 e 29 anos.

No campo institucional, portanto, as expectativas são de contemplar esse grupo etário com políticas e programas específicos, além de a cada doze anos a Unesco promover esse encontro de âmbito internacional com o objetivo de debater e avaliar as políticas dirigidas à educação de adultos, assim como para traçar novas diretrizes na área.

O Governo Federal ainda unificou seis programas dirigidos aos jovens – Agente Jovem, ProJovem, Saberes da Terra, Consórcio Social da Juventude, Juventude Cidadã e Escola de Fábrica – em um único programa denominado ProJovem. Em consideração ao contexto geográfico e social, esse programa atende em quatro modalidades: **ProJovem Urbano, ProJovem Trabalhador, ProJovem Adolescente e ProJovem Campo**. Todos atuam no campo educativo na perspectiva de integração educacional e qualificação para o trabalho. O ProJovem Trabalhador, em sua especificidade, atende aos jovens entre 18 e 29 anos, desempregados, matriculados no ensino médio, fundamental e EJA que pertençam a famílias com renda *per capita* de até 1 salário, com o objetivo de prepará--los para o mercado de trabalho e para projetos de geração de renda.

Outros projetos e programas são desenvolvidos no âmbito dos ministérios, como o Ministério de Desenvolvimento Agrário (MDA), através do Instituto Nacional de Colonização e Reforma Agrária (Incra), que desenvolve o Programa Nacional de Educação na Reforma Agrária (Pronera)*.

Com o objetivo de atender a essa crescente demanda por educação, emprego e qualificação profissional, o Governo Federal criou o Programa Nacional de Integração da Educação Profissional com a Educação Básica na Modalidade de Educação de Jovens e Adultos – Proeja (Decreto nº 5.840, de 13 de julho de 2006), que abrange: I - formação inicial e continuada de trabalhadores; II - educação profissional técnica de nível médio. A iniciativa privada também oferece formação profissional através dos Serviços Nacionais de Aprendizagem:

---

* Detalhes sobre o Pronera podem ser acessados no *site*: <http://www.incra.gov.br/portal/arquivos/projetos_programas/0127102302.pdf>.

1. Serviço Nacional de Aprendizagem Industrial (Senai);
2. Serviço Nacional de Aprendizagem Comercial (Senac);
3. Serviço Nacional de Aprendizagem Rural (Senar);
4. Serviço Nacional de Aprendizagem do Transporte (Senat);
5. Serviço Nacional de Cooperativismo (Sescoop).

Os recursos do Fundo de Amparo ao Trabalhador (FAT) são parcialmente investidos no financiamento de programas de qualificação profissional, por meio do Plano Nacional de Qualificação (PNQ), ambos vinculados ao Ministério do Trabalho e Emprego (MTE).

O Pronera, mantido pelo Incra, pretende ampliar os níveis de escolarização formal dos trabalhadores rurais assentados. Os jovens e adultos de assentamentos participam de cursos de educação básica (alfabetização, ensino fundamental e médio), técnicos profissionalizantes de nível médio e diferentes cursos superiores e de especialização. O Pronera capacita educadores para atuar nas escolas dos assentamentos e coordenadores locais, que agem como multiplicadores e organizadores de atividades educativas comunitárias. O programa é desenvolvido em parceria com os movimentos sociais e de trabalhadores e trabalhadoras rurais, instituições de ensino e governos locais.

A Secretaria de Educação Continuada, Alfabetização e Diversidade (Secad), criada em 2004 pelo Governo Federal, congrega diferentes temáticas e visa contribuir para a redução das desigualdades educacionais atuando na área de educação de jovens e adultos, educação do campo, ambiental, indígena e diversidade étnico-racial. Em suas políticas e programas desenvolvidos para a área de EJA, citamos:

- **Brasil Alfabetizado** – O Programa Brasil Alfabetizado (PBA) atua na alfabetização de jovens, adultos e idosos. É desenvolvido em todo o território nacional, com o atendimento prioritário aos municípios cuja taxa de analfabetismo é igual ou superior a 25%. Desse total, 90% estão na região Nordeste. O programa oferece recursos financeiros e apoio técnico, promovendo a garantia da continuidade dos estudos ao alfabetizando.

- **Programa Nacional do Livro Didático para a Alfabetização de Jovens e Adultos (PNLA)** – O PNLA visa a distribuição, a título de doação, de obras didáticas às entidades parceiras, com vistas à alfabetização de pessoas com idade de 15 anos ou mais. Em cumprimento ao Plano Nacional de Educação, esse programa busca ampliar as oportunidades educacionais e fornecer livros didáticos adequados ao público alfabetizando, como recursos do processo de ensino-aprendizagem.

- **Programa Nacional do Livro Didático para a Educação de Jovens e Adultos (PNLD EJA)** – Visa à distribuição de obras didáticas aos sistemas educacionais com vistas à escolarização e à continuidade dos estudos de pessoas com idade de 15 anos ou mais. Em cumprimento ao Plano Nacional de Educação, o PNLD deste segmento busca ampliar e articular as oportunidades educacionais e fornecer livro didático adequados ao público da EJA, como subsídios para o processo de ensino-aprendizagem.

Cabe, no entanto, analisar em que medida esse conjunto de políticas públicas educacionais atende aos objetivos e necessidades dos usuários dessas políticas. Para promoverem de fato "a passagem" desses coletivos, as teorias pedagógicas teriam de reverter lógicas, concepções dicotômicas e excludentes. No processo histórico civilizatório do "outro" – negro, pobre, indígena, bárbaro, selvagem – registramos a construção de um lugar social, que, uma vez demarcado, torna-se quase intransponível. Esse sistema de distinções e classificações divide a realidade social, assim como observou Santos (2007, p. 71):

O pensamento moderno ocidental é um pensamento abissal. Consiste num sistema de distinções visíveis e invisíveis, sendo que estas últimas fundamentam as primeiras. As distinções invisíveis são estabelecidas por meio de linhas radicais que dividem a realidade social em dois universos distintos: o "deste lado da linha" e o "do outro lado da linha". A divisão é tal que "o outro lado da linha" desaparece como realidade, torna-se inexistente e é mesmo produzido como inexistente. Inexistência significa não existir sob qualquer modo de ser relevante ou compreensível. Tudo aquilo que é produzido como inexistente é excluído de forma radical porque permanece exterior ao universo que a própria concepção de inclusão considera como o "outro". A característica fundamental do pensamento abissal é a impossibilidade da copresença dos dois lados da linha. O universo "deste lado da linha" só prevalece na medida em que esgota o campo da realidade relevante: para além da linha há apenas inexistência, invisibilidade e ausência não dialética.

As distinções que separam a realidade social dos sujeitos também operam no plano político e simbólico e sugerem deslizamentos conceituais. A análise comparativa de Abramovay e Castro (2007, p. 18-19) sobre o conjunto de propostas, conceitos e políticas formulados pelo Banco Mundial* e pelos membros do Conselho Nacional de Juventude (Conjuve), até 2008, demonstra uma lógica dicotômica sobre o "ser jovem". As estratégias e os conceitos sobre os jovens serão vistos, de forma resumida, no Quadro 1.4:

---

*   Em 1944, foi criado o Banco Internacional para Reconstrução e Desenvolvimento (Bird), com o objetivo de contribuir na reconstrução das economias devastadas pela segunda guerra. Conhecido desde 1955 como Banco Mundial, sua atuação tem por foco apoiar economicamente programas e projetos de diferentes áreas sociais (saúde, educação, economia e meio ambiente, dentre outras), dos países membros. A visão do Banco na área educacional é pautada por uma concepção economicista, indo além de relações básicas como a de custo e benefícios, adotando a concorrência dos sistemas educacionais, o individualismo, e relacionando a redução da qualidade de vida com índices de renda (Lima, 2004).

Quadro 1.4 - Resumo: Políticas para quem e para o quê

Características	Propositores	
	Banco Mundial	Conjuve
Ser jovem	- Significa ocupar papéis na produção econômica e na vida político civil; - Estar em trânsito para a "próxima geração"; - Sujeito de desenvolvimento; - "Lentes Jovens".	- Uma "condição social"; - Multiplicidade de identidades jovens; - Sujeito de direito.
Estratégias	- Combater a "reprodução intergeracional" da pobreza; - Estado mínimo; - Livre comércio.	- Buscar a igualdade individual das condições com valorização das diferenças; - Crescimento "integrado" em uma perspectiva estrutural.
Conceitos chave	- Transições; - "Janela de oportunidades"; - Qualidade do "corte jovem"; - Departamentalização de políticas; - "Consumidores" jovens; - Combate à pobreza.	- Trajetórias; - Parâmetros "nômades"; - Diversidade dos jovens; - Identidades autônomas; - Noção de "direitos difusos"; - Combate às desigualdades sociais.
Pontos específicos	- Enfoque sobre comunicação por celular, migrações internacionais, assim como formação de família.	- Centralidade da cultura na vida dos jovens e sua interação com educação e trabalho; ênfase na diversidade entre os jovens.
Parâmetros	- Aprendizagem; - Ingresso no mundo do trabalho.	- Educação, trabalho, cultura e tecnologia da informação.

Fonte: Adaptado de Abramovay; Castro, 2007.

As análises conceituais e propositivas descritas por ambas as instituições demarcam posições distintas e por vezes contraditórias. Para o Banco Mundial, as políticas neoliberais de Estado mínimo e de livre comércio são estratégicas, enquanto o Conjuve aponta para a necessidade de buscar a igualdade que valorize as diferenças. Ao Banco interessa o "combate à pobreza"; ao ConJuve, o combate às desigualdades sociais, uma vez que estas conjugam outros elementos além da pobreza material. O Quadro 1.4 ilustra uma polarização entre o que preconiza a sociedade civil e o que a instituição conceitua e entende como ação necessária e estratégica sobre a juventude brasileira.

1.4 A importância dos fóruns de EJA: uma década de mobilização cidadã

O amadurecimento dos regimes democráticos passa necessariamente da transformação de sua expressão representativa para uma expressão que comporte a participação mais direta da sociedade civil nos processos decisórios e avaliativos das políticas públicas. Dessa forma, torna-se possível tanto a qualificação das políticas públicas, na perspectiva da pertinência e da inclusão, como a formação da sociedade *na* e *para* a cidadania. Daí a importância dos fóruns, cujo espaço se volta para o debate e a construção histórica e coletiva do que se pretende ver consolidado no campo da EJA.

Os fóruns de EJA encontram seu marco inaugural na convocação da Unesco, em 1996, sendo organizados como encontros preparatórios para a V Conferência Internacional sobre Educação de Adultos, que aconteceria em Hamburgo em 1997.

Como frutos desse processo surgiram várias constatações e desdobramentos referentes às políticas, às ações e aos sujeitos envolvidos com a EJA: a necessidade da articulação dos diferentes agentes sociais e das diferentes esferas governamentais; a falta de informações qualificadas, sistematizadas; a necessidade de compartilhar práticas, saberes e intencionalidades; a necessidade de influir mais decisivamente nas políticas públicas; a necessidade de consolidar direitos garantidos mas não instituídos na prática etc.

Os fóruns de EJA consolidados em todos os estados brasileiros têm conseguido se firmar como espaço/tempo de aprendizagens, de diálogos, de construções, de descobertas, de intercâmbios e de compartilhamentos de novas possibilidades democráticas.

As experiências dos fóruns estaduais deram origem ao Encontro Nacional de Educação de Jovens e Adultos (Eneja), que acontece anualmente desde 1999. Tamanha mobilização culminou em qualificar os fóruns como interlocutores legítimos do MEC na proposição e na avaliação de políticas públicas para a EJA, consolidando também a sua representação na Comissão Nacional de Alfabetização e Educação de Jovens e Adultos (Cnaeja).

No campo da educação popular, mais especificamente no campo da alfabetização de jovens e adultos, movimento similar pode ser observado a partir de 2001 com a constituição de fóruns do Mova, também organizados em rede. Promovendo, a princípio, encontros anuais, desde 2006 passaram a alternar encontros regionais com encontros nacionais. O quadro a seguir apresenta um balanço dos encontros e das respectivas temáticas abordadas ao longo da última década.

Quadro 1.5 - Temáticas dos encontros nacionais dos fóruns EJA e Mova

Período	Encontros nacionais	
	Fóruns EJA (Eneja)	Fóruns Mova (Rede Mova Brasil)
1999	I – Em busca de uma política integrada deeducação de jovens e adultos: articulando atores e definindo responsabilidades (Rio de Janeiro/RJ).	

(continua)

(Quadro 1.5 – continuação)

2000	II – Os conceitos de educação de jovens e adultos, parcerias e estratégias de articulação (Campina Grande/PB).	
2001	III – A divisão de responsabilidades entre os organismos governamentais das três esferas administrativas e as organizações da sociedade civil para a consecução das metas relativas à educação de pessoas jovens e adultas previstas no Plano Nacional de Educação (São Paulo/SP).	I – Mova-Brasil, herdeiro da Educação Popular (Porto Alegre/RS).
2002	IV – A EJA cenários em mudança (Belo Horizonte/MG).	II – Reafirmando a Educação Libertadora: concepção de alfabetização e cultura (ABC/SP).
2003	V – Educação de Jovens e Adultos: comprometimento e continuidade (Cuiabá/MT).	III – Os Movas como política pública de jovens e adultos (Goiânia/GO).
2004	VI – Políticas públicas atuais para a educação de jovens e adultos: financiamento, alfabetização e continuidade (Porto Alegre/RS).	IV – Mova-Brasil na política pública da Educação de Jovens e Adultos (Campo Grande/MS).
2005	VII – Diversidade na EJA: Papel do Estado e dos movimentos sociais nas Políticas Públicas (Luziânia/GO).	V – Mova-BRASIL, tecendo a Educação Popular Libertadora: política pública e diversidade (Brasília/DF).
2006	VIII – EJA – uma política de Estado: avaliação e perspectivas (Recife/PE).	VI – Mova Brasil: interface com as políticas públicas de EJA (Fortaleza/CE).
2007	IX – A atualidade do pensamento de Paulo Freire e as políticas de EJA (Pinhão/PR).	Encontros regionais.

(Quadro 1.5 – conclusão)

2008	X – História e memória dos encontros nacionais dos Fóruns de EJA no Brasil: dez anos de luta pelo direito à educação de qualidade social para todos (Rio das Ostras/RJ).	VII – Oito anos de Mova Brasil: avanços e desafios (São Sebastião/SP).
2009	XI – Identidades dos Fóruns de EJA: conquistas, desafios e estratégias de lutas (Belém/PA).	Encontros regionais.

A síntese dos eventos descritos no Quadro 1.5 expressa a dimensão e a qualidade das lutas empreendidas tanto pelos movimentos populares, quanto pelos sistemas e programas públicos voltados aos processos de alfabetização e escolarização de jovens e adultos: conceitos, recursos, formação dos profissionais, paradigmas, sujeitos. Essências de uma década de transformações e de construção da especificidade da EJA no Brasil.

Capítulo dois

Identidades da Educação de Jovens e Adultos

Nesta segunda parte do livro apresentaremos os sujeitos que constituem a Educação de Jovens e Adultos (EJA) no Brasil. Este capítulo se dedica a compreender suas demandas situadas no contexto de suas vidas, na concretização de seus sonhos e direitos. Serão analisadas as propostas e inovações que podem nortear os percursos formativos desses sujeitos, na perspectiva da autonomia e do compromisso com a transformação de suas realidades, sem, contudo, deixar de perceber a importância da ação docente nesse processo.

2.1 Os contextos

Um dos desafios docentes consiste em compreender as múltiplas identidades de seus educandos e perceber que elas atuam segundo o contexto e as condições. Por exemplo: em uma sala de aula de EJA com 25 alunos e alunas, teremos, de imediato, a identidade de gênero para organizar o debate: Como refletem homens e mulheres sobre a realidade?

Ser homem ou mulher implica em variáveis distintas de percepção de mundo, de oportunidades de escolha, de trabalho etc., portanto: Que elementos são acionados na análise dessa realidade? Bem, e se agregarmos a identidade racial dos educandos, teremos outro aspecto a considerar: se temos homens e mulheres negros, brancos, pardos ou indígenas, por exemplo, o pertencimento racial será determinante para um leque de situações, que envolvem preconceitos, exclusões e possibilidades. Se tivermos em nossa sala de aula grupos distintos de católicos, protestantes, umbandistas e ateus, as formas de ser e agir no mundo serão influenciadas pela fé e pelas experiências religiosas de cada um. O mesmo ocorre se esses grupos tiverem origens territoriais distintas: considerando que minha sala de aula hipotética se localiza na Região Sudeste – em São Paulo, por exemplo –, provavelmente estariam presentes migrantes nordestinos e grupos oriundos do interior do estado em contraponto àqueles nascidos na grande metrópole. Nesse caso, as identidades regionais seriam evocadas. As expectativas dos educandos em diferentes faixas etárias pressupõem que o aspecto geracional é mais um elemento a ser considerado.

No Brasil, conforme como apontou Di Pierro (2005), a identidade político--pedagógica da educação de jovens e adultos não foi construída com referência às características psicológicas ou cognitivas das etapas do ciclo de vida – juventude, maturidade e velhice –, mas em torno de uma representação social enraizada, estigmatizada, que recai sobre os analfabetos nas sociedades letradas. A convivência com o estigma de que nos fala a autora atua diretamente na constituição identitária desses sujeitos. Haddad, citado por Pierro (2005, p. 1120), também aponta que:

os balanços da literatura sobre a educação de jovens e adultos no Brasil mencionam que até os anos de 1990, a maior parte das pesquisas sobre o tema tendeu a homogeneizar os sujeitos de aprendizagem, abstraindo sua diversidade e diluindo suas identidades singulares – de classe, geracionais, de gênero, étnicas, culturais ou territoriais – sob a condição e o rótulo genérico de "alunos".

Considerando que a EJA deva se constituir a partir das identidades e culturas dos sujeitos que a integram, abrindo, assim, possibilidades de construção de propostas educativas relevantes e significativas, entendemos ser necessário o desenvolvimento de uma abordagem capaz de mapear e compreender a complexidade de suas realidades, desvelando, principalmente, os mecanismos desiguais que situam homens e mulheres em condições determinadas pela exclusão.

É próprio do sistema capitalista excluir para incluir a seu modo, de forma precária e instável, marginal (Martins, 1997). Essa premissa excede o contexto econômico e abarca aspectos da vida social, moral e política, entre eles, a educação. Assim, temos como **realidade abissal** (Santos, 2007) trajetórias educacionais irregulares, marcadas por interrupções e reingressos em idade mais avançada, acrescidas da responsabilidade de garantir sua sobrevivência e de suas famílias. Esse cenário descreve a realidade de milhões de jovens e adultos que se ressentem de uma política atenta às suas necessidades de escolarização, mas que, entretanto, resulta do não atendimento à demanda de formação sistemática que permitiu e/ou favoreceu a interrupção do processo de escolarização.

Bourdieu e Passeron (1974) e a **teoria da reprodução** denunciaram o sistema educacional e seu processo excludente. Para os autores, a escola atuava como reprodutora de um arbitrário cultural, social e simbólico, de padrões culturais dominantes e legitimados que, conjugados, favoreciam um segmento social e negavam ao outro, oriundo das classes populares, o reconhecimento de seus saberes e produções culturais. Desde então, o que mudou?

> *O sistema escolar cumpre uma função de legitimação cada vez mais necessária à perpetuação da "ordem social" uma vez que a evolução das relações de força entre as classes tende a excluir de modo mais completo a imposição de uma hierarquia fundada na afirmação bruta e brutal das relações de força.* (Bourdieu, 2007, p. 311)

Para manter a ordem e o controle social, político e econômico capitalista, o Estado se vale dos instrumentos de que dispõe, e o faz coercitivamente e conservadoramente; ou, em regimes democráticos, o Estado de direito age de forma subliminar, de forma simbólica. As contradições, portanto, são inerentes ao sistema capitalista, e este tem por princípio a desigualdade, pois sobrevive da exploração de uns sobre outros. Portanto, a violência e a miséria, os flagelos expostos do capitalismo, não traduzem suas fragilidades, mas sim sua perversidade:

> *as violências mais ou menos importantes que, continuamente, têm tido como objetivo os estabelecimentos escolares mais deserdados, nada mais são que a manifestação visível dos efeitos permanentes das contradições da instituição escolar e da violência de uma espécie absolutamente nova que a escola pratica sobre aqueles que não são feitos para ela. Como sempre, a escola exclui: mas a partir de agora, exclui de maneira contínua [...] e mantém em seu seio aqueles que exclui, contentando-se em relegá-los para os ramos mais ou menos desvalorizados.* (Bourdieu, 1998, p. 224)

A EJA, na perspectiva de Bourdieu (1998), seria essa tentativa de manter na escola aqueles que ela mesma excluiu, relegando os sujeitos aos ramos mais desvalorizados? Para a superação desses limites a EJA deveria agregar não somente práticas educativas diversificadas, flexíveis e inclusivas para aqueles que não tiveram oportunidade de fazê-lo em idade própria, mas também atingir o universo de estudantes na escola regular submetidos a projetos curriculares inadequados, fragmentados e que desprezam experiências vividas e saberes constituídos. Ao analisarmos o Mapa do Analfabetismo no Brasil (2003, p. 7), considerando cada uma das regiões brasileiras, podemos perceber que as desigualdades – políticas, econômicas e sociais – que marcam esses contextos acabam por agravar o quadro de desigualdade educacional:

Tabela 2.1 – Taxas* de analfabetismo no Brasil: as desigualdades regionais

Unidade geográfica	Ano		
	1996	1998	2001
Brasil	14,7	13,8	12,4
Norte	12,4	12,6	11,2
Nordeste	28,7	27,5	24,3
Sudeste	8,7	8,1	7,5
Sul	8,9	8,1	7,1
Centro-Oeste	11,6	11,1	10,2

Fonte: Brasil, 2003, p. 7.

Para além das desigualdades encontradas entre as regiões brasileiras, outras são registradas em ambientes nem sempre tão distantes ou distintos culturalmente: regiões periféricas x regiões centrais; regiões desenvolvidas x regiões subdesenvolvidas; regiões urbanas x regiões rurais. A marca é o atendimento centralizado e a atenção seletiva, com a oferta de políticas de saúde, educação, segurança, transporte, trabalho, lazer e segurança alimentar, em contraposição ao abandono de comunidades e à própria sorte.

Outro aspecto que nos remete a diferentes contextos da EJA diz respeito à sua implantação em ambientes institucionais (escolas, empresas, igrejas) ou em ambientes de mobilização social e política (movimentos populares). Esses contextos, ao promoverem processos de aprendizagem, o fazem, via de regra, segundo paradigmas específicos que culminam na formação específica dos sujeitos que as vivenciam. Arroyo (2001, p. 16-17), ao discutir a importância do legado da EJA, afirma que:

> *há algo de mais profundo nessa percepção e valorização dos saberes e da cultura popular. Trata-se de incorporar uma das matrizes mais perenes da formação humana, da construção e apreensão da cultura*

---

*   Os valores indicam porcentagens (%).

e do conhecimento: reconhecer a pluralidade de tempos, espaços e relações, onde nos constituímos humanos, sociais, cognitivos, culturais [...], reconhecer a cultura como matriz da educação. A tensão sempre posta entre experiências de educação popular de jovens e adultos e a escola tem aí um dos desencontros. Enquanto a escola pensa que fora dela, dos seus currículos e saberes não há salvação – nem cidadania e conhecimento, nem civilização e cultura – a educação popular já nos alerta que o correto é entender a escola como um dos espaços e tempos educativos, formadores e culturais. Tempo imprescindível, porém não único.

Os contextos são determinantes e definem as intencionalidades e as complexidades que envolvem as políticas voltadas para a EJA. A compreensão desse aspecto é fundamental para o avanço nas conquistas e na qualificação dos atendimentos. Políticas descontextualizadas têm culminado em fracassos e explicam, em parte, as nossas estatísticas educacionais.

2.2 Os sujeitos

A diversidade de sujeitos na EJA é uma característica central e altamente definidora dos objetivos político-pedagógicos que os programas pretendem alcançar com diferentes grupos e comunidades. Essa diversidade se constitui segundo distintas características que se desdobram principalmente em diferentes interesses, buscas e vocações. A diversidade pode ser: etária (adolescentes, jovens, adultos, idosos); de gênero (homens, mulheres); étnica (negros, mestiços, indígenas, brancos); cultural (agricultores, pescadores, artesãos, operários). Essa diversificação costuma revelar uma incidência diferenciada do analfabetismo, e, na mesma medida, demandar estratégias de ação segmentadas.

No Brasil o analfabetismo entre mulheres e homens é praticamente igual, ao contrário das estatísticas apresentadas em outros países, em que atinge prioritariamente a população feminina. Quando associadas à questão da renda, as taxas de analfabetismo aumentam nos domicílios de menor renda, chegando a situações extremas, como constatadas pelo Mapa do Analfabetismo no Brasil (2003, p. 11):

> *Assim, para o país, como um todo, enquanto a taxa de analfabetismo nos domicílios cujo rendimento é superior a dez salários mínimos é de apenas 1,4%, naqueles cujo rendimento é inferior a um salário mínimo é de quase 29%. No Nordeste, essa situação é mais dramática. A taxa de analfabetismo das famílias mais pobres é vinte vezes maior que aquela das famílias mais ricas.*

A análise do analfabetismo na categoria das faixas etárias indica que essa situação atinge a todas as faixas com intensidades diferentes, sendo mais persistente nas gerações de idades mais avançadas. Essa situação pode ser explicada pelo esforço do poder público, a partir da década de 1990, para garantir acesso e permanência no ensino fundamental para todos, inclusive desenvolvendo políticas de regularização do fluxo dos percursos da educação escolar. A tabela a seguir retrata essa situação:

Tabela 2.2 - Taxa* de analfabetismo por faixa etária no Brasil (1996-2001)

Faixa etária	Ano		
	1996	1998	2001
10 a 14	8,3	6,9	4,2
15 a 19	6	4,8	3,2
20 a 29	7,6	6,9	6
30 a 44	11,1	10,8	9,5
45 a 59	21,9	20,1	17,6
Acima de 60	37,4	35,9	34

Nota: Exclusive população rural de RO, AC, AM, RR, PA, AP.
Fonte: Brasil, 2003, p. 10.

---

* Com dados da Pesquisas Nacionais por Amostra de Domicílio (PNADs) de 1995 e 2001. Os valores indicam porcentagens (%).

O mapa do analfabetismo também revela que 35% dos analfabetos do Brasil possuem na sua história a passagem pela escola. Essa realidade confirma o desafio das propostas escolares repensarem seus currículos de modo a se aproximarem dos contextos e das experiências de vida dos educandos.

Como educadores, sabemos que uma significativa parcela dos jovens e adultos busca conciliar suas atividades profissionais com o estudo. No entanto, esse segmento é duramente atingido pela precarização do trabalho, baixos salários e desemprego. Muitos desses homens e mulheres permanecem na economia informal ou em subempregos por falta de qualificação ou de oportunidades, ainda que a legislação educacional – com a Lei nº 9.394, de 20 de dezembro de 1996, Lei de Diretrizes e Bases da Educação Nacional – LDBEN (Brasil, 1996) – expresse que a oferta do ensino deva estar adequada às reais condições e especificidades do alunado, de forma a garantir não somente o acesso, mas também a permanência dos jovens e adultos na escola.

O art. 227 da Constituição Federal (Brasil, 1988) considera a profissionalização um dos deveres da família, da sociedade e do Estado, a ser assegurado "com absoluta prioridade". A LDBEN, em sua referência à EJA (§ 2º do art. 1º), estabelece que ela "deverá vincular-se ao mundo do trabalho e à prática social". A pesquisa *Juventude, Juventudes: o que une e o que separa* (Unesco, 2004, citado por Abramovay; Castro, 2006) apresenta entrelaçamentos entre as diversas motivações que levam o jovem a interromper seu processo de escolarização.

Tabela 2.3 – Distribuição dos jovens segundo principal razão que motivou a deixar de frequentar a escola, Brasil, 2004.

Principal razão que motivou a deixar de frequentar a escola	N°	%
1. Oportunidade de emprego	7.961.050	27,2
2. Dificuldade financeira	4.133.467	14,1

(continua)

(Tabela 2.3 – conclusão)

3. Gravidez	3.273.138	11,2
4. Concluiu o Ensino Médio	3.076.984	10,5
5. Mudança de faixa etária	1.677.356	5,7
6. Dificuldade de aprender/reforço escolar	1.581.842	5,4
7. Por não gostar de estudar/não ter interesse	1.127.828	3,8
8. Doença	745.519	2,5
9. Reprovação	544.677	1,9
10. Falta de vagas	453.945	1,5
11. Casamento	363.301	1,2
12. Concluiu o Ensino Superior	301.042	1,0
13. Problemas familiares	277.133	0,9
14. Distância	253.360	0,9
15. Concluiu o Ensino Fundamental	28.680	0,1
16. Já concluiu os estudos	4.779	0
17. Outros motivos	3.115.725	10,6
18. Não sabe/não opinou	387.064	1,3
Total	**29.306.891**	**100**

Fonte: Adaptado de Abramovay; Castro, 2006, p. 168.

Conforme aponta a pesquisa, a principal razão que leva os jovens e adultos a deixarem a escola circunda o aspecto socioeconômico, comprovando o que o senso comum já anunciava: a maioria desses jovens deixou a escola para trabalhar (27,2%). Em segundo lugar com 14,1%, está a dificuldade financeira, interligada à primeira razão, ou seja: se conseguissem um emprego que ajudasse a superar essa dificuldade, provavelmente também abandonariam os estudos. O percentual de 11,2% de jovens que atestam que a gravidez motivou sua saída da escola também está relacionado com os primeiros motivos e agravado pelo fato de que muitas dessas gestações são de mães solteiras, ampliando assim, os problemas socioeconômicos e as dificuldades enfrentadas para trabalhar e cuidar dos filhos.

A pesquisa Unesco (2004, citado por Abramovay; Castro, 2006) também descreve indicadores com implicações pedagógicas bem acentuadas:

mudança de faixa etária (5,7%); dificuldade de aprender (5,4%); desinteresse pelos estudos (3,8%); reprovação (1,9%). Além daqueles relativos à conclusão do ensino médio (10,5%), ensino superior (1%) e ensino fundamental (0,1%). Os dados de conclusão da educação básica e superior são ínfimos e superados por outras motivações que denunciam o quanto essa escola é pouco atrativa e desrespeitosa com esse segmento.

Assim, ao examinarmos, por exemplo, a relação dos jovens com a escola, é importante admitirmos que a modernidade, ao instituir novas concepções sobre a infância, a adolescência e a juventude, instituiu também os modos de sua educação para além da família, situando a escola como uma de suas agências privilegiadas*. Ocorre, para efeito de maior precisão conceitual, que a instituição escolar, ao ser socializadora, além de ter por funções a transmissão sistemática de parcela da cultura humana acumulada e das competências necessárias à sua incorporação, cumpre também outras funções ligadas ao aprendizado do estar junto e do "viver com", muitas vezes obscurecidas no discurso pedagógico, mas igualmente importantes (Sposito, 2004).

O retorno à sala de aula constitui num enorme esforço individual de cada jovem e adulto que se encontra à margem dos direitos políticos e sociais. Essa exclusão de direitos reflete processos históricos vivenciados pelos sujeitos que se desdobram num quadro abissal de desigualdades definidas pelos níveis de escolaridade e de oportunidades no mercado de trabalho. A herança estigmatizada que homens e mulheres recebem e repassam às gerações poderia ser revertida na medida em

---

* O termo *educação*, no entanto, recobre um campo extremamente vasto e importante que não se esgota na escola, pois "os mecanismos por meio dos quais uma sociedade transmite a seus membros seus saberes, o saber-fazer e o saber-ser que ela estima como necessários à sua reprodução, são de uma infinita variedade" (Duru-Bellat; Van Zanten, citadas por Sposito, 2004).

que são acolhidos pelo sistema educacional e motivados a prosseguir seu processo de escolarização. Entretanto, tais políticas não refletem aspectos multidimensionais e estruturais profundamente articulados que afetam diretamente jovens e adultos. Essa perspectiva foi analisada por Costanzi (2009, p. 10):

> Vale registrar que, embora muitos jovens entrem no mercado de trabalho por necessidade ou por precariedade econômica e social de suas famílias, há, também, aqueles que, por desejo de autonomia, independência financeira, crescimento profissional, pessoal ou outras razões de cunho subjetivo, entram no mundo do trabalho de forma voluntária. Mas o importante é que a necessidade de trabalhar não seja, para os jovens de baixa renda, um impeditivo para o aumento da escolaridade e da qualificação profissional, assim como não implique na aceitação de um posto de trabalho precário. A conciliação entre estudo e trabalho é um elemento que deve fazer parte da trajetória destes jovens. Porém, como demonstram os dados, os jovens atualmente têm dificuldade de conseguir esta conciliação, entre outros motivos, porque cumprem elevadas jornadas de trabalho.

A elevada jornada de trabalho, pode ser comprovada pelas pesquisas, como indica, a seguir,a Tabela 2.4. Com base nos dados da Pequisa Nacional por Amostra de Domicílios (PNAD), do Instituto Brasileiro de Geografia e Estatística (IBGE), a Ação Educativa e o Instituto Ibi de Desenvolvimento Social realizaram a pesquisa *Jovens e trabalho no Brasil: desigualdades e desafios para as políticas públicas* (Corrochano, 2008). Com dados da PNAD de 2006 (IBGE, 2006), a pesquisa apresenta uma concentração de jovens nas regiões Sudeste e Nordeste (70%) que somam 53,9 milhões de brasileiros e brasileiras, número que corresponde a 28,8% da população total do país.

Tabela 2.4 – Características da jornada semanal de trabalho da população jovem que só trabalha, por faixa etária, Brasil, 2006, em %.

Jornada (em horas)	Faixa etária (em anos)					
	14-15	16-17	18-21	22-24	25-29	14-29
Até 30	37,5	24,7	4,2	13,4	13,9	14,4
De 31 a 44	37,2	41,5	47,9	48,5	48,5	48
Superior a 44	25,3	33,9	38,0	38,1	37,6	37,6

Obs.: No "total" incluem-se os sem declaração de jornada.
Fonte: Adaptado de Corrochano, 2008, p. 30.

A jornada semanal no Brasil é de 44 horas semanais*, mas a tabela anterior nos permite observar um elevado percentual de jovens em atividades que superam esse limite em vigor. Embora o maior índice de trabalhadores e trabalhadoras esteja entre 22 e 24 anos, seguido pelos jovens de 18 a 21 anos, preocupam os índices de adolescentes em jornadas tão elevadas, que superam as 44 horas semanais, como os grupos na faixa etária de 14-15, anos com 25,3%, e daqueles com 16-17 anos, com 33,8%, respectivamente. Como esse segmento poderá aliar o trabalho ao estudo? Se a carga horária semanal excede o estabelecido em lei, imagina-se que as condições da atividade também sejam precárias**. A pesquisa (Corrochano, 2008, p. 54) identificou que:

---

* Os trabalhadores brasileiros conquistaram na Constituição Federal de 1988 a redução da jornada de trabalho semanal de 48 para 44 horas. Discute-se hoje a redução para 40 horas semanais com o objetivo de criar novos empregos e elevar as condições de vida dos trabalhadores. Para o Departamento Intersindical de Estatística e Estudos Econômicos (Dieese, 2007, p. 3)" isto permitiria a geração de novos postos de trabalho, diminuição do desemprego, da informalidade, da precarização, aumento da massa salarial e produtividade do trabalho e teria como consequência o crescimento do consumo. Este, por sua vez, levaria ao aumento da produção, o que completaria o círculo virtuoso".

** A precarização do trabalho atinge em larga escala a população jovem, em especial os mais pobres e aqueles em busca do primeiro emprego que se submetem às condições de trabalho informal, temporário, parcial com baixa remuneração.

a população jovem que não trabalha e não estuda é a mais pobre dentre os grupos analisados nesta pesquisa: 83% desses jovens vivem em famílias com renda familiar per capita de até um salário mínimo. Entre os que trabalham e estudam, por exemplo, essa proporção é de 54%. A concentração de famílias de mais baixos rendimentos entre os jovens que não trabalham e não estudam mostra-se inclusive superior à participação desse tipo de família no conjunto da população, que é de 78,2%.

É também nesse grupo que se encontra a maior concentração da faixa de menores rendimentos: 26,7% vivem em famílias com renda familiar per capita de até ¼ do salário mínimo, porcentagem encontrada também entre os jovens desempregados que não estudam. Nos demais grupos, essa proporção fica abaixo dos 16,5%.

Outro aspecto preocupante diz respeito ao tempo exigido pelo trabalho e, consequentemente, à disponibilidade de tempo para estudar. Podemos perceber pelo gráfico a seguir que, apesar do processo de declínio, a questão da jornada excessiva de trabalho se manteve persistente no período de 1992 a 2006, incidindo de forma diferenciada quando considerada a questão étnico-racial. Jovens negros estão mais expostos do que os jovens brancos às condições precárias de trabalho.

Gráfico 2.1 – Trabalhadores com jornada excessiva (16 anos ou mais, em %)

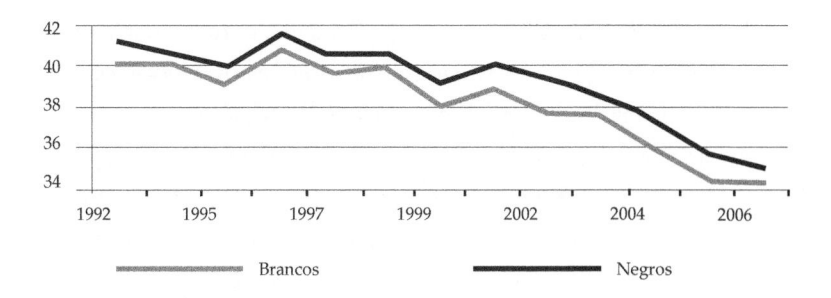

Fonte: Adaptado de Campos, 2008.

Ainda considerando fatores de desigualdade, constata-se que a diferença etária implica em remuneração desigual aos trabalhadores. A tabela a seguir evidencia o impacto da remuneração salarial segundo a faixa etária do trabalhador jovem.

Tabela 2.5 – Características do rendimento de todos os trabalhos da população jovem que só trabalha, por faixa etária, Brasil, 2006, em %.

Remuneração (em salário mínimo)	Faixa etária (em anos)					
	14-15	16-17	18-21	22-24	25-29	14-29
Até 1	92,9	81,2	53,4	42,6	35,6	43,6
Mais de 1 a 2	6,7	17,7	38,5	40,5	36,9	37,3
Mais de 2	0,3	0,9	7,2	15,9	26,3	18,0
Sem declaração	0,1	0,2	0,9	1,0	1,2	1,0
Média (em R$)	117	210	377	501	686	544

Obs.: O valor do salário mínimo vigente na época da pesquisa era de R$ 350.
Fonte: Adaptado de Corrochano, 2008, p. 30.

As estatísticas revelam que as populações mais jovens e mais pobres, historicamente excluídas, permanecem em um círculo vicioso, no que concerne tanto às condições formais e estáveis do mundo do trabalho, quanto às expectativas de regularidade do processo de escolarização

> Em relação à remuneração, merece destaque a grande concentração na faixa de menor rendimento e a pouca proporção dos que recebem mais de dois mínimos em todas as faixas etárias, o que comprova a forma precária de inserção do trabalhador jovem no mercado. A situação só melhora um pouco para os jovens entre 25 e 29 anos. À medida em que se avança na faixa etária, acentua-se a distância no rendimento dos jovens do sexo masculino em relação ao feminino, o mesmo ocorrendo entre os jovens negros em relação aos brancos. Os dados sobre a remuneração do trabalho tornam evidente a profunda desigualdade social do país. Os dois grupos se concentram nos extremos, os de menor

renda no menor rendimento e os de maior renda no maior rendimento.
(Corrochano, 2008, p. 34)

Para a juventude trabalhadora que não estuda acentuam-se as desigualdades, como vimos. Em relação aos adolescentes e jovens que trabalham e estudam a pesquisa identificou que há maior nível de escolaridade em relação àqueles que apenas trabalham. Reconhecemos que no início da atividade laboral, em geral, os jovens são mal remunerados em razão de sua baixa qualificação profissional e escolaridade. Mas, com o passar dos anos, os níveis de escolarização e a experiência se revertem em melhorias salariais, e, mais uma vez, a pesquisa identificou que o segmento beneficiado se enquadra nos recortes de gênero e raça. As maiores vantagens da vida produtiva são destinadas aos rapazes brancos, conforme salienta Corrochano (2008, p. 42):

A partir dos 25 anos, declaram rendimento de mais de dois salários quase a metade dos rapazes (44,9%), com média salarial de R$ 956, e menos de um terço das moças (27,9%), com média salarial de R$ 650 (valores de 2006). A diferença dos rendimentos entre jovens do sexo masculino e feminino descortina a desigualdade de gênero. As diferenças de rendimento segundo a cor/raça da população em estudo indicam que, desde o início da vida produtiva, os jovens negros possuem rendimentos inferiores aos dos jovens brancos. Mas essas diferenças se acentuam a partir da faixa dos 18 a 21 anos. Entre os mais velhos (25 a 29), declaram ter renda superior a dois salários mínimos 45,9% dos jovens brancos e 24,4% dos jovens negros.

Pensar a função da EJA nesses cenários implica em não somente considerar com muita propriedade as diferenças descritas anteriormente, mas, sobretudo, evitar que elas se transformem ou se aprofundem nas desigualdades constatadas.

2.3 Os educadores

O "estado da arte" da educação de adultos, apresentado por Haddad (2000, p. 22), revela que a produção acadêmica referente ao período (1986 a 1998) ainda era tímida em relação, sobretudo, à formação continuada de educadores para a EJA. Segundo o autor, dos 222 estudos relacionados, 32 versavam sobre os professores e somente 11 (6%) desses trabalhos desenvolviam a temática da formação. Esses resultados, portanto, preconizam que a formação específica nessa modalidade do ensino é ação necessária:

> *analisando os objetivos expressos nos trabalhos sobre formação de professores, podem ser identificadas duas tendências: uma primeira que busca analisar experiências específicas de formação de professores dando ênfase à participação dos professores e sua percepção dos objetivos da atuação em EJA, [...] e uma segunda tendência que busca apontar caminhos para uma boa formação de professores que atuam em EJA.*

Aliado ao desafio da especificidade da formação, as questões mais contundentes que têm marcado o campo da EJA são aquelas que dizem respeito à organização do trabalho pedagógico, tendo por referência as experiências e as realidades dos educandos. Dessa forma, escola e professores têm sido chamados a repensar suas propostas (organização do conhecimento, da estrutura da escola e das relações), tradicionalmente organizadas para o atendimento à infância e à adolescência.

Nesse campo, o que se constata é que, tanto no ensino superior como no antigo magistério, é pequeno o número de iniciativas de formação de professores para atuar com a especificidade desse público. A formação dos educadores de jovens e adultos pouco escolarizados tem se caracte-rizado principalmente como aquela que acontece em serviço, após a formação inicial. Outro aspecto característico da EJA diz respeito ao campo da educação popular, em que a maioria dos educadores é considerada leiga do ponto de vista da escolaridade. Em geral, são pessoas da comunidade que desenvolvem trabalho voluntário em programas de alfabetização.

Democratizar a escola e garantir a aprendizagem de qualidade significa, no contexto da EJA, um investimento sério e de longo prazo, tanto na formação inicial como na formação continuada de professores. As universidades públicas têm o desafio de reorganizar os cursos de licenciaturas preparando os futuros professores também para trabalhar na EJA, com a diversidade e especificidade que a caracterizam. Além disso, também cabe às universidades desenvolverem programas de formação continuada, em atendimento profissionais que atuam na área ou pretendem fazê-lo, de modo a permitir a reflexão permanente sobre as práticas educativas na EJA.

Diante desse desafio é importante agregar a ampla experiência acumulada pelas entidades da sociedade civil organizada nesse campo: tradicionalmente são estas que vêm subsidiando a organização dos programas de alfabetização de jovens e adultos e de formação dos educadores.

Outro aspecto a considerar é o fato de que é na educação popular que surgem algumas das experiências mais significativas em relação à especificidade que o trabalho pedagógico assume na EJA: tanto as propostas pedagógicas dos programas como aquelas voltadas à formação dos educadores têm sido pautadas segundo as demandas dos educandos e dos educadores; há flexibilidade na organização do conhecimento (tempos e espaços); o diálogo é um dos princípios que norteiam o trabalho educativo.

> *Não há docência sem discência, as duas se explicam e seus sujeitos apesar das diferenças que os conotam, não se reduzem à condição de objeto um do outro. Quem ensina aprende ao ensinar, e quem aprende ensina ao aprender.* (Freire, 2001, p. 23)

No que diz respeito aos modelos de formação continuada de educadores, também se observa uma diversidade de orientações, desde os modelos mais prescritivos até aqueles mais inovadores, que consideram os educadores e professores como sujeitos dos processos educativos. Dessas experiências, três aspectos significativos ganham destaque: o ponto de partida para a formação são os saberes dos educadores e suas necessidades de formação; a estratégia para a aprendizagem docente é a ação reflexiva sobre as práticas que empreendem; o produto da formação são as propostas elaboradas por eles e sistematizadas coletivamente, com o apoio de assessores e equipes técnicas. O processo de formação, segundo essa perspectiva, é entendido como processo de aprendizagem. Assumir uma concepção de educação, segundo esse referencial, implica conhecer os educadores, a realidade de onde vivem, as concepções educativas que assumem, seus saberes e também suas representações sobre os estudantes, a aprendizagem e as áreas de conhecimento, entre outros. Implica, ainda, propiciar nos processos formativos momentos de ação reflexiva, envolvendo tanto a vivência de situações-problema como a investigação das situações de ensino que se oferecem. No caso brasileiro, as orientações legais publicadas nas Diretrizes Curriculares Nacionais para a EJA, art. 17 (Brasil, 2000), já expressam essa abordagem:

A formação inicial e continuada de profissionais para a Educação de Jovens e Adultos terá como referência as Diretrizes Nacionais para o Ensino Fundamental e o Ensino Médio e as Diretrizes Curriculares Nacionais de Formação de Professores, apoiada em:

I – ambiente institucional com organização adequada à proposta pedagógica;

II – investigação dos problemas desta modalidade de educação, buscando oferecer soluções teoricamente fundamentadas e socialmente contextualizadas;

III – desenvolvimento de práticas educativas que correlacionem teoria e prática;

IV – utilização de métodos e técnicas que contemplem códigos e linguagens apropriados às situações específicas de aprendizagem.

O crescente movimento pela concretização do direito à educação – não somente o acesso aos processos educativos, mas o direito de aprender – tem sido acompanhado pela preocupação com a qualidade e com o acompanhamento dos processos e programas que se oferecem. Na EJA, isso tem significado um fortalecimento da luta pelo direito à diversidade, característica constituinte dessa modalidade educativa, e vem atribuindo um novo significado ao papel de educador.

O Censo Escolar 2006, realizado pelo Instituto Nacional de Estudos e Pesquisas Educacionais Anísio Teixeira – INEP, revela que, na educação básica, a EJA atendia, à época, mais de oito milhões de brasileiros e brasileiras (Brasil, 2009), como você poderá observar na Tabela 2.6. Isso amplia sobremaneira o desafio: como atender a essa demanda nacional, sem investimentos na formação inicial **continuada-permanente*** dos educadores para atuar nessa modalidade?

A esse respeito, é oportuna a observação de Henriques e Defourny (2006, p.8):

Questiona-se a adequação das metodologias, dos currículos, do material didático, dos tempos e espaços, das formas de avaliação e, sobretudo, da formação inicial e continuada dos professores. São mais de 175 mil professores que ensinam jovens e adultos na modalidade de EJA, ensino fundamental, nos sistemas municipais e estaduais. Desses, a grande maioria nunca recebeu uma formação específica para a função que exercem. Apesar da magnitude do desafio, a educação de jovens e adultos ainda possui pouca expressão nas universidades, seja no ensino – habilitações específicas em EJA –, seja na pesquisa – representa uma porcentagem ínfima até mesmo da pesquisa desenvolvida no cam-

po geral da educação –, seja na extensão – o campo por onde a EJA historicamente entrou no portal da universidade.

Tabela 2.6 – Matrículas de jovens e adultos (pessoas com 15 anos ou mais), segundo tipos de oferta - Brasil, 2006

Tipo de oferta	Matrículas
EJA – Fundamental (presencial)	3.516.225
EJA – Fundamental (semipresencial / presença flexível)	349.404
EJA – Ensino Médio (presencial)	1.345.167
EJA – Ensino Médio (semipresencial / presença flexível)	405.497
Total na EJA	**5.616.293**
Ensino Regular 1ª a 4ª séries (alunos com 15 anos ou mais)	592.831
Ensino Regular 5ª a 8ª séries (alunos com 18 anos ou mais)	1.091.561
Ensino Regular Médio (alunos com 25 anos ou mais)	640.536
Educação Profissional / Nível Médio (alunos com 25 anos ou mais)	276.685
Educação Especial / EJA	36.953
Educação Especial Regular (alunos com 15 anos ou mais)	129.515
Total nas demais ofertas	2.768.081
Total Geral	**8.384.374**

Nota: Informações do Censo Escolar, 2006.
Fonte: Adaptado de Brasil, 2009, p. 19..

A Resolução CNE/CEB n° 1, de 5 de Julho de 2000, estabelece as Diretrizes Curriculares Nacionais para a Educação de Jovens e Adultos (Brasil, 2000). O Estatuto da Criança e do Adolescente (ECA), em seu art. 57, ressalta que: "o Poder Público estimulará pesquisas, experiências e novas propostas relativas a calendário, seriação, currículo, metodologia, didática e avaliação, com vistas à inserção de crianças e adolescentes excluídos do ensino fundamental obrigatório" (Brasil, 1990). As pesquisas e propostas pedagógicas de que trata a lei implicam em formação docente específica que atenda às expectativas desse segmento, pois, se considerarmos a potencialidade de aprendizagem, aliada aos saberes constituídos ao longo da vida, cabe ao Estado e às instituições de ensino e pesquisa subsidiar a formação docente inicial e continuada para atender ao público jovem e adulto.

A escola e o coletivo de educadores compartilham a tarefa de mediar a construção de aprendizagens significativas, associadas às experiências e expectativas dos sujeitos dessa aprendizagem, de modo que estes sejam partícipes da proposta curricular, não receptores impassíveis.

Garantir que a escola pública responda à altura ao reconhecimento da EJA como direito humano que se consolida ao longo da vida é uma tarefa extremamente complexa e implica seriedade política, ética na proposição e execução das políticas públicas, recursos financeiros, recursos humanos e também a promoção do envolvimento da sociedade com essa questão.

Capítulo três

Saberes e fazeres na Educação de Jovens e Adultos

As identidades dos educandos e educadores são aspectos definidores dos contornos e da essência de currículos e programas voltados à aprendizagem ao longo da vida. Nesse sentido, o legado dos movimentos populares e de Paulo Freire se apresenta como referencial maior na luta por uma Educação de Jovens e Adultos (EJA) de qualidade e emancipadora. Neste capítulo serão apresentados os princípios orientadores para a definição de objetivos, das estratégias metodológicas e da avaliação das aprendizagens.

3.1 Paradigmas e concepções

Os **paradigmas** e as **concepções de educação** referem-se a um conjunto de princípios, intencionalidades e práticas que conformam os ambientes educativos, e que permitem identificar as interdições e as possibilidades resultantes da ação pedagógica.

A história da EJA tem como paradigma máximo o educador Paulo Freire. A mudança da concepção tradicional de educação para a da concepção crítica e progressista reconhece nesse educador o "divisor de águas", que fez com que toda a história da EJA tomasse rumos diversos do até então vivido. Podemos considerar que existe uma EJA antes de Paulo Freire – uma educação dita "bancária", cuja visão conteudista e compensatória atua na perspectiva de recuperar o tempo perdido – e uma EJA depois de Paulo Freire, baseada numa educação humanizadora e emancipadora, que parte da centralidade dos sujeitos e de suas experiências e trajetórias de vida.

Essa transição de paradigmas não se constitui um processo. Pelo contrário: como já mencionamos anteriormente, a EJA guarda uma história de lutas, de avanços e recuos, dado que representa não somente uma luta pelo direito à educação escolar, mas, principalmente, representa as muitas lutas pelos diferentes direitos fundamentais à existência humana – saúde, educação, trabalho, moradia, alimentação, segurança, terra etc. São lutas permanentes pelo reconhecimento de um sujeito de direitos, que, para exercer esse papel de modo pleno, deve desfrutar da cidadania, até então negada. Segundo Arroyo (2001, p. 10), é uma luta conflitiva que faz com que a história da EJA se confunda com a história do lugar social reservado aos setores populares:

> *A educação de jovens e adultos (EJA) tem sua história muito mais tensa do que a história da educação básica. Nela se cruzaram e se cruzam interesses menos consensuais do que na educação da infância e da adolescência, sobretudo quando os jovens e adultos são trabalhadores, pobres, negros, subempregados, oprimidos, excluídos. O tema nos remete à memória das últimas quatro décadas e nos chama para o presente: a realidade dos jovens e adultos excluídos. Os olhares tão conflitivos sobre a condição social, política e cultural desses sujeitos têm condicionado as concepções diversas de educação que lhes é oferecida. Os lugares sociais a eles reservados (marginais, oprimidos, excluídos, empregáveis, miseráveis...) têm condicionado o lugar reservado à sua educação no conjunto das políticas oficiais. A história oficial da EJA se confunde com a história do lugar social reservado aos setores populares. É uma modalidade do trato dado pelas elites aos adultos populares.*

A **concepção bancária**, de acordo com Freire, anula a criatividade e estimula a ingenuidade e a não criticidade, satisfazendo, assim, os interesses dos opressores. Nesse processo, a educação se caracteriza pelo ato de depositar, transferir, transmitir valores e conhecimentos. O quadro a seguir apresenta as distinções entre as concepções de educação, conforme o autor:

Quadro 3.1 – Características das concepções segundo Paulo Freire

Bancária	Crítica
Dominação	Libertação
Contradição educador-educandos	Superação da contradição
Negação da dialogicidade	Afirmação da dialogicidade
Antidialógica	Dialógica
Ignora o homem como ser histórico	Parte da historicidade do homem
Enfatiza a permanência	Reforça a mudança
Imobilismo	Dinâmica
Reacionária	Revolucionária
Percepção fatalista	Realidade objetiva

Fonte: Freire, 1987.

A perspectiva bancária também compreende a prática pedagógica docente, infelizmente ainda recorrente, que emprega com jovens e adultos a mesma metodologia utilizada com crianças. Tal prática foi analisada por Branco (2007), que percebeu em seu universo pesquisado que a metodologia de alfabetização utilizada pelos docentes se baseava no referencial estruturalista/behaviorista. As conclusões do estudo apontaram para um evidente despreparo desses profissionais para atuação com o segmento jovem e adulto, como podemos constatar:

> *Alfabetizar nesse início de século XXI ainda é uma tarefa que acontece ao acaso, ou, como diria Piaget (1977, p. 9-11), graças à ação inteligente do ser humano que é capaz de extrair significados de suas vivências, qualquer que seja ela e independente da qualidade da medição do outro, o mesmo é capaz de reconstruir para si o conhecimento disponível no*

seu entorno, porque os professores desconhecem as características básicas do objeto com o qual trabalham – a linguagem. Portanto, os que aprendem, aprendem apesar do professor;

– as professoras desconhecem as necessidades de seus alunos, pois os que encontram maiores dificuldades para reconstruírem o sistema da língua escrita, para então se apropriarem desses conhecimentos, vão sendo excluídos da escola e da sociedade;

– as professoras acreditam que dar voz aos alunos para conhecer suas necessidades e experiências é perder tempo, com tanto conteúdo curricular a ser trabalhado, e privilegiam as atividades mecânicas e sem sentido – a cópia – para as situações de escrita;

– as professoras não conseguem integrar os conteúdos estudados na universidade com as situações de prática de ensino, e quando o fazem, é para transformar as classes de EJA em cópias farsistas das salas da universidade – como demonstrou o uso do retroprojetor, em uma atividade mal preparada, inadequada até para ser utilizada no ensino superior;

– que a formação das professoras para trabalhar com a alfabetização é insuficiente. Embora algumas delas tivessem boa vontade e fossem carinhosas para tratar com os alunos, é preciso ter em mente o que afirma Guiomar Namo de Mello: para ensinar é preciso ir além do compromisso político, é preciso ter a competência técnica para o fazer.

Ou, como melhor expõe Paulo Freire (1996, p. 23-101) na sua Pedagogia da autonomia, entre tantas outras habilidades lá trabalhadas destacamos a de que ensinar exige segurança, competência profissional e generosidade. (Branco, 2007, p. 166-167)

Para superar as ações intuitivas e despreparadas denunciadas pelo estudo de Branco (2007), entendemos que essa modalidade carece de uma política séria de formação, assim como ainda carecem as demais modalidades de ensino. Na contramão dessa realidade, apontamos como necessárias à transformação as lutas dos movimentos sociais, assim como descreveu Arroyo (2001). Para esse autor, a história da EJA se fortalece no âmbito das lutas sociais, seja pela crítica que os movimentos são capazes de fazer, seja pela dinâmica educativa intrínseca desses processos: os movimentos populares educam para a cidadania, para a igualdade social, para a sustentabilidade; educam a si mesmos e ao Estado.

A EJA tem como sujeitos as camadas rurais, os camponeses excluídos da terra e as camadas urbanas marginalizadas, excluídas dos espaços, dos bens das cidades. Essa realidade de opressão e de exclusão e os saberes e as pedagogias dos oprimidos passaram a ser os conteúdos, conhecimentos e saberes sociais trabalhados nas experiências de EJA. A educação popular e de jovens e adultos reflete os movimentos populares e culturais da época. A intuição dos educadores progressistas foi captar nesses movimentos por espaços urbanos, moradia, escola, saúde, terra... o sentido humano, cultural, pedagógico. A Pedagogia do Oprimido, da Libertação, da Emancipação, do fazer-se humanos. [...] A alfabetização, por exemplo, adquire outra qualidade, onde a apropriação da leitura se vincula com uma nova condição humana, com a capacidade de se envolver e participar em novas práticas políticas, sociais e culturais. (Arroyo, 2001, p. 18-19)

Tornar popular a educação significa universalizá-la e democratizá-la em seus diferentes níveis e em suas diferentes dimensões, tornando-a, de fato, acessível às camadas populares, o que promove, pela via do conhecimento e da cidadania, as condições de inteligibilidade necessárias à transformação social e à emancipação humana, o fim último da ação político-pedagógica.

A concepção teórica e as práticas desenvolvidas a partir do conceito de educação popular podem constituir numa alternativa viável, de um lado, ao projeto neoliberal da educação, hegemônico, baseado na ética do mercado, e, de outro, à teoria e à prática de uma educação burocrática e excludente. A ação política intencional e consciente presente na educação popular fortaleceria a autonomia política e pedagógica da escola. Isso permitiria uma relação dialética e não subordinada ao Estado e ao mercado. Dessa escola, comprometida com a transformação social, não haveria lugar a reprodução e/ou transmissão cultural.

3.2 Currículo

A educação popular, como prática educativa e como teoria pedagógica, que nasceu, principalmente na América Latina, no calor das lutas populares, contribuiu para que ideias e atividades essenciais na educação brasileira mudassem e inovassem. Tal paradigma, inspirado originalmente no trabalho desenvolvido por Paulo Freire nos anos 1960, encontra na conscientização sua categoria fundamental. A prática e a reflexão sobre a prática levam a incorporar outra categoria não menos importante: a da organização. Afinal, não basta estar consciente, é preciso organizar-se para poder transformar.

As práticas de educação popular também se constituem mecanismos de democratização, em que se refletem os valores de solidariedade e de reciprocidade e formas alternativas de produção e de consumo, sobretudo quando pautadas nas ações comunitárias e no voluntariado. Como modelo teórico reconceituado, a educação popular, tem oferecido alternativas à reflexão, proposição e constituição de novos saberes e currículos voltados à formação social de crianças, adolescentes, jovens e adultos que frequentam os espaços públicos de ensino. A interação entre educação/economia popular e poder local abre, também, inéditas possibilidades para os processos de escolarização formal.

A noção de aprender com base no conhecimento do sujeito, a noção de ensinar utilizando como referências palavras e temas geradores, a educação como ato de conhecimento e de transformação social, a problematização da educação, a preocupação com a liberdade, com o diálogo e o dialógico, a importância do respeito à identidade cultural dos alunos e aos "saberes construídos pelos seus fazeres" são apenas alguns dos legados de Paulo Freire à educação popular, à pedagogia crítica universal. São aspectos que influenciaram princípios e permitiram desdobramentos no âmbito dos currículos e das práticas pedagógicas.

Ao refletirmos sobre os currículos e práticas pedagógicas, consideramos os primeiros como instrumentos associados a uma realidade de desigualdade social brasileira. Tal implicação decorre da constatação de que uma imensa parcela da população vive excluída do acesso aos bens sociais e culturais produzidos pela humanidade. São vítimas, portanto, do discurso falacioso da igualdade de oportunidades. Mas se as trajetórias escolares são desiguais e não lineares, como pode existir "igualdade"? Embora as políticas universalistas se empenhem em ofertar um ensino para todos, obviamente, as oportunidades não são as mesmas, bem como não o são os incentivos à permanência na escola. Aqueles supostamente incluídos no sistema educativo experimentam mecanismos seletivos, mesmo com a ampliação da oferta e do acesso à escola. Avaliações de desempenho, mérito individual e saberes sistematizados resultam em uma equação que é velha conhecida: o fracasso escolar. A maior perversidade, no entanto, repousa sobre a responsabilidade assumida por esse fracasso, pois são suas vítimas que a tomam para si. Sentem-se como seres incapazes de corresponder às exigências, de acompanhar o ritmo de aprendizagem e de construir conhecimento. Nessa direção, Bourdieu (1998, p. 483) enfatiza que: "a instituição escolar é uma fonte de decepção coletiva: uma espécie de terra prometida, sempre igual no horizonte, que recua à medida que nos aproximamos dela".

Larossa, (2004, p. 285), por sua vez, ressalta a importância do aspecto humano na avaliação do desempenho:

A verificação da potência da igualdade não necessita de maestros, nem de pedagogos, nem de líderes, nem de sociólogos, nem de especialistas, nem de políticos. Necessita, isso sim, de seres humanos dispostos a aprender, a pensar, a falar, e a atuar com outros seres humanos. Sem outras intenções. Sem outra legitimidade. Sempre em presença. Sempre em horizontalidade.

Para cumprir a sua função social, como escola pública, democrática e a serviço da população, em especial das classes populares, essa instituição por vezes assume um lugar a ser transposto, um obstáculo a ser vencido. Em contrapartida, reconhecemos que o acesso, a construção e a apropriação do conhecimento não estão limitados à instituição educativa formal. Esta, de acordo com Cortella (2003, p. 52) se constitui como um dos espaços de aprendizagem, aliado ao conhecimento cotidianamente produzido e vivenciado:

> *Como fenômeno vital, a educação acontece sempre em duas dimensões. Existe a educação ocasional, que é a educação vivencial, espontânea. [...] E existe outra forma de educação, no sentido intencional, que é deliberado, proposital. A grande vantagem da educação ocasional é o **aprendizado de forma mais concreta, útil, pragmática e significativa**, portanto permanente. A vantagem da educação intencional está no fato de ser metódica, programada, organizada, sistematizada, veloz. [...] Portanto, só há uma saída: aproveitar as vantagens de ambos os lados, aproximando as duas perspectivas, juntando ocasional e inten-* **cional, seja na estrutura educacional de uma ONG, seja numa escola** *ou nos meios de comunicação.*

Na reflexão acerca da organização curricular e das práticas pedagógicas na EJA, Oliveira (2007, p. 96) nos convida a repensar alternativas transversais nos currículos sob uma lógica de tessitura em rede. De acordo com esse modo de pensar os processos de tessitura dos conhecimentos, um mesmo saber faz parte de diferentes campos significativos, tanto disciplinares quanto não disciplinares, na medida em que os enredamentos entre os diversos saberes se atravessam mutuamente, sem uma forma ou processo organizável de fora ou de acordo com os critérios "científicos". Dessa forma, **a navegação por diversos campos de sentido** passa a ser central no processo de conhecimento do mundo. Restitui-se, assim, a legitimidade de um conjunto de redes de saberes, poderes e fazeres presentes no cotidiano, mas normalmente expulsos do ambiente escolar, que podem e devem ser recuperados no desenvolvimento de propostas curriculares, particularmente para a EJA.

Tal perspectiva nos leva a pensar que a EJA tem dimensões pedagógicas e epistemológicas que ultrapassam as fronteiras da escolarização, mas que abrangem, além do conhecimento sistematizado, o conhecimento empírico. Numa visão positivista, o conhecimento empírico é elaborado de forma intuitiva, superficial e hipotética, em contrapartida ao conhecimento científico, que busca compreender o fenômeno em sua origem e tem caráter metódico, sistemático e crítico. Mas, ao estabelecer uma relação horizontal, de simultaneidade e reciprocidade entre a teoria e a prática, nasce a *práxis*, assim como exemplificou Freire (1987, p. 44):

Figura 3.1 – Relação de simultaneidade e reciprocidade entre a teoria e a prática

$$Palavra \; \frac{(ação)}{(reflexão)} = Práxis$$

Fonte: Freire, 1987, p. 44.

O trabalho de Freire (1987), atento às demandas e expectativas sociais, também chamou a atenção para a "rebelião da juventude" contra o modelo injusto e opressor da sociedade, embora o autor ressalte seu caráter recente. Um olhar atento aos percursos escolares dos jovens evidencia a gravidade daquilo que vem (ou não vem) acontecendo em nossas escolas.

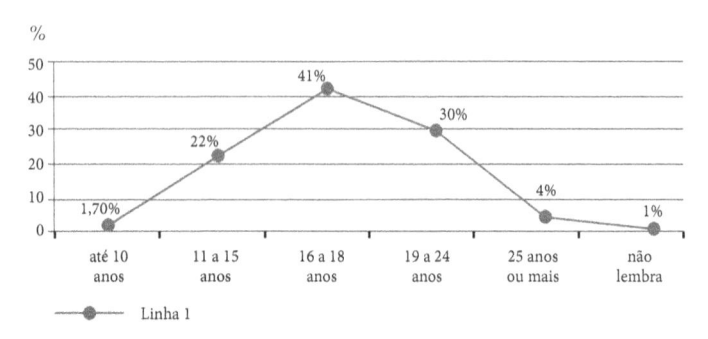

Gráfico 3.1 – Faixa etária em que parou de estudar

Faixa	%
até 10 anos	1,70%
11 a 15 anos	22%
16 a 18 anos	41%
19 a 24 anos	30%
25 anos ou mais	4%
não lembra	1%

—●— Linha 1

Fonte: Adaptado de Abramovay; Castro, 2006, p. 165.

Podemos confirmar a teoria de Freire se tomarmos como exemplo a pesquisa realizada pela Unesco, em 2004, que revela uma dramática realidade de interrupções das trajetórias escolares. Em tal pesquisa, identificamos que a faixa etária mais crítica, em que se interrompem as trajetórias escolares, chega a 41% e compreende a idade entre 16 e 18 anos. Não menos preocupante é a faixa etária que a antecede, de 11 a 15 anos, com 22%, assim como a que a sucede, com 30%, que inclui jovens entre 19 e 24 anos.

Vários estudos e relatos de jovens nos alertam para uma necessária tomada de posição.

> *De acordo com a pesquisa A Voz dos Adolescentes*, os/as jovens sentem a carência de uma escola que os respeite – num universo de 5.280 entrevistados/as de diferentes estratos sociais e econômicos 61% dizem que a escola não é um espaço agradável e menos da metade (49%) tem boa relação com educadores/as; 21% dos/das adolescentes negros/as se sentem discriminados na escola por seus/suas educadores/as e colegas. Ainda que 59% acreditem que a própria vida vai ser melhor, apenas 28% creem na melhoria do país. Associa-se a este dado o fato de 20%*

---

* Síntese de pesquisas apresentadas por Fernando Rossetti na Assembleia Nacional da Associação dos Centros de Defesa (Anced), em 2002. Rossetti é antropólogo e jornalista e desenvolveu seus trabalhos no Projeto Aprendiz, na Folha de São Paulo e na Agência Nacional de Defesa da Infância – Andi. Nota do original.

afirmarem não ter sonhos e 28,8% não saberem como torná-los realidade. Apenas 21% acreditam que o estudo seja um caminho para a realização dos sonhos. (Heilborn; Araújo; Barreto, 2009, p. 80)

A pesquisa A Voz dos Adolescentes apresentou resultados preocupantes, que exigem transformações culturais, morais, éticas e políticas, além, é claro, de renovadas ações pedagógicas que, num contexto arbitrário, tem atuado para segregar e expulsar crianças, jovens e adultos da escola. Educadores, gestores e sistemas educacionais, alheios aos anseios, sonhos e experiências juvenis, produzem e reproduzem modelos educativos tradicionais e desinteressantes, que corroboram a noção de escola como lugar de estigmas, de preconceitos e de desrespeito.

A educação, como promoção humana, revê seus conceitos, para se transformar em lugar de trocas e de empoderamento. Por meio de suas reflexões, Larrosa Bondía (citado por Silva, 2008, p. 107) nos oferece contrapontos, em consonância com o debate que empreendemos:

Parar para pensar, parar para olhar, parar para escutar, pensar mais devagar, olhar mais devagar e escutar mais devagar, parar para sentir, sentir mais devagar, demorar-se nos detalhes, suspender a opinião, suspender o juízo, suspender a vontade, suspender o automatismo da ação, falar sobre o que nos acontece, aprender a lentidão, escutar aos outros, cultivar a arte do encontro, calar muito, ter paciência e dar-se tempo e espaço.

Nesse sentido, a concepção ampliada de educação equivale também a uma concepção ampliada e crítica de currículo. Esse paradigma demanda: uma proposta que se abra aos novos e diferentes conhecimentos e saberes (agregando a cultura dos educandos e as novas pautas socioculturais); flexibilidade e contextualização (diferentes espaços e tempos educativos); participação e construção coletiva (a ideia da centralidade dos sujeitos e a corresponsabilidade nos processos educativos); atitude inclusiva (o compromisso de garantir educação de qualidade para todos e a avaliação formativa), entre outros elementos comprometidos com essa perspectiva.

3.3 Metodologias

O desafio está posto e não está assentado apenas sobre os ombros dos docentes, mas também sobre uma conjuntura política que amplie, facilite, atraia e permita a inserção do segmento jovem e adulto na escola. Como lembrou Costanzi (2009), não é possível conciliar o estudo com uma jornada que avilta. Reconhecemos que a EJA não está no plano "ideal", mas no plano possível. O ideal seria que, cumprida a etapa de formação, seja da educação básica ou da educação superior, homens e mulheres ingressassem no mercado de trabalho, já qualificados para tal. Ao acumular a tarefa de sobrevivência econômica – sustento familiar – com a formação básica, elevam-se os esforços para superar essa lacuna.

Uma prática pedagógica comprometida com a educação dos jovens e adultos demanda uma construção permanente e coletiva. Ao conceber essa ação como dialógica, em interação, a linguagem torna-se instrumento potencial de expressão e de comunicação. Através dela os sujeitos expressam suas experiências, seus saberes e suas emoções e produzem cultura.

Um exercício interessante seria promovermos uma mudança de lugar, de olhar. Cada um de nós poderia, portanto, tentar enxergar a realidade escolar sob a perspectiva do educando. É provável que, durante esse exercício, venhamos a pensar da seguinte forma: "Se entendesse que meus saberes são sem importância, inferiorizados, os guardaria em segredo. Sentir-me-ia cada vez mais distante naquele espaço social – a sala de aula – que deveria ser de construção, de trocas e de experiências, e que, no entanto, não me acolheu. Minha trajetória, os passos que me trouxeram de volta à escola ou que caminharam em direção a ela pela primeira vez, não são valorizados. Minha luta diária pela sobrevivência, minha experiência de vida e meu esforço para estar aqui não significaram nada?".

Temos, contudo, a expectativa de agir na contramão da tradição escolar seletiva, conservadora, ancorada em culturas de reprovação, conteudista e meritocrática, que age subliminarmente em nome da ordem disciplinar, mas que aprisiona e silencia os sujeitos. Classifica-os e posiciona-os em condição desigual, que não permite o diálogo e a emancipação, mas opera para conservação do *status quo*.

O reconhecimento dessa realidade opressora seria o pressuposto para uma ação consciente, problematizada de modo a transformá-la. Para promover uma política que parta das necessidades educacionais de jovens e adultos, atenta à diversidade desses coletivos no que tange às questões etárias, de gênero, étnico-raciais, culturais e outras, será necessário romper com a lógica opressora. Tais impedimentos, reais e simbólicos, exigem uma práxis pedagógica referenciada na liberdade e no respeito, que impelem a rever convicções e certezas, para atuar e contribuir para a promoção humana, de modo a assegurar o direito à educação ao longo da vida. Como preconiza Freire (1987, p. 75): "Nenhuma ordem opressora suportaria que os oprimidos todos passassem a dizer: por quê?".

Nesse sentido, o *Método Paulo Freire*, mais que garantir os processos de alfabetização, agregou aos ambientes de aprendizagem a compreensão sobre os processos de aprendizagem e o desvelamento das realidades caracterizadas pela exclusão e pelas desigualdades sociais, políticas e econômicas.

Como fundamento, o que popularmente conhecemos como *Método Paulo Freire* tem caráter inovador, especialmente no contexto da época em que surgiu, em meados do século XX. Mais do que garantir processos de alfabetização, a pedagogia freireana compreendeu que, sobre os processos de aprendizagem pairam as desigualdades caracterizadas pela exclusão em suas diferentes matrizes: sociais, políticas e econômicas. Empregando o sentido da linguagem, tendo como ponto de partida a unidade de significado, que ele chamou de *palavra geradora*, ainda hoje costuma ser, muitas vezes, empregado equivocadamente, pois a **palavra geradora** parte do universo linguístico dos educandos. A riqueza do método **freiriano** se afirma na dialogicidade do ato educativo – este se dá entre iguais, com permanentes trocas e construção de saberes – e na sua politização – o ato educativo não é neutro e promove a transformação. Souza (2008, p. 73) descreve essa metodologia como um processo fundado na emancipação:

> *Uma metodologia que promova o debate entre o ser humano, a natureza e a cultura, entre a humanidade e o trabalho, enfim, entre as pessoas e o mundo em que vivem, é uma metodologia dialógica. Como tal, ela prepara homens e mulheres para viverem seu tempo, com as contradições e os conflitos existentes, e os conscientiza sobre a necessidade de intervir nesse tempo para a construção e efetivação de um futuro melhor.*

Algumas etapas podem ser identificadas na proposição desse método: a etapa da **investigação** temática, com o levantamento e o reconhecimento dos saberes prévios dos educandos e da sua leitura de mundo; a etapa da **tematização**, com a seleção e a organização das temáticas centrais e relevantes para a organização de um ambiente de aprendizagem contextualizado e significativo; a etapa da **problematização**, com o debate e o desvelamento das realidades. Assim, alfabetizar-se é meio, e não fim. Meio para a transformação e para a humanização. É uma proposta de alfabetização que aponta para uma verdadeira revolução cultural: dos sentidos, dos saberes, das relações e da política.

O legado **freireano** é, em todos os sentidos, inovador. É **vanguardista** e antecipa corajosamente a possibilidade da mudança. É **solidário e inclusivo** ao acolher e respeitar o outro na diferença. É **sustentável** ao propor o bem comum.

A importância de Paulo Freire para a educação brasileira e para o Brasil é inestimável. Ele foi capaz de aliar a crítica do seu tempo às atitudes e princípios que transformaram a sua militância em uma luta pacífica, cujas armas principais eram o diálogo, a reflexão e a proposição sempre criativa, fundadas na liberdade e no respeito ao outro.

> *A lógica dialógica que Freire introduz no campo da pedagogia permite pensar a criação constante de uma inovação com o aporte original de cada singularidade. Isso não desaparece com os conflitos de interesses,*

nem com as contradições, nem com as diferentes perspectivas culturais dos diversos grupos sociais; entretanto, o que ela busca é que sejam resolvidos em termos justos; uma construção dialógica – entendendo-se por diálogo uma lógica de criação de conhecimentos a partir da convergência de múltiplos olhares sobre a situação e um vínculo em cujo desenvolvimento os sujeitos se constituem. (Rodriguez, 2009, p. 329)

Conhecimento indispensável para aqueles que pretendem adentrar o universo dos paradigmas críticos, que continuam a nutrir a educação com uma esperança revolucionária, a obra de Freire é mais que um referencial bibliográfico: é história viva e vivida em sua plenitude.

Cabe, então, a cada um de nós, reinventarmos esse legado segundo nossas experiências e realidades. Construir currículos e práticas que contemplem as demandas dos educandos, que provoquem revoluções cotidianas, capazes de desconstruir as pequenas e grandes perversidades que impedem a construção de uma sociedade mais justa.

VIDEOS DE INTERESSE

- PAULO FREIRE. Contemporâneo - Parte 1/Parte 2. Direção: Toni Venturi. Produção: TV Escola/Olhar Imaginário. Brasil: Ministério da Educação, 2007. 55 min. Disponível em: <http://www.dominiopublico.gov.br/pesquisa/ResultadoPesquisaObraForm.do?first=50&skip=0&ds_titulo=Paulo&co_autor=&no_autor=&co_categoria=102&pagina=1&select_action=Submit&co_midia=6&co_obra=&co_idioma=&colunaOrdenar=null&ordem=null>. Acesso em: 20 abr. 2011.

- PAULO FREIRE. Educar para transformar. Direção: Tânia Quaresma. Produção: Instituto Paulo Freire, 2005. Brasil. 28 min.

- PAULO FREIRE. Coleção Grandes Educadores. Direção: Paulo Camargo. Produção: Instituto Paulo Freire. Braisl: Ata Mídia Produções, 2006. 60 min.

Considerações finais

Este livro nos permitiu vislumbrar uma oportunidade de sistematizar um conjunto de saberes e conhecimentos sobre a EJA, campo que está acessível a todos, mas de forma dispersa. Buscamos, além da sistematização, oferecer uma leitura articulada de um contexto com múltiplas facetas e possibilidades. Esperamos ter concretizado as nossas intenções.

Podemos dizer que a EJA no Brasil começa a definir uma história muito diferenciada de conquistas educativas. Ela tem sido pioneira nos processos de inovação, no que diz respeito aos princípios da inclusão e da dialogicidade; da centralidade dos educandos e das aprendizagens; da construção de sujeitos autônomos e da cidadania.

A EJA pensada na perspectiva da educação popular retoma a centralidade dos sujeitos, das suas experiências, das suas culturas e dos seus interesses. É uma educação que, portanto, entende-se como processo de humanização na mesma medida em que se constitui "pelas" e "a partir" das experiências dos sujeitos que nela se encontram envolvidos. Constitui-se "com", e não "para" os educandos. É processo de acesso aos direitos em sua plenitude. É educação com duas fortes características: é forjada "no" e "para o" coletivo; é conquistada na lógica do direito afirmativo.

Essas experiências, ao contrário daquelas ainda vivenciadas em alguns ambientes escolares – bancárias, fragmentadas, sem significado –, via de regra são situações tensas e intensas de construção de princípios fundados na cidadania e na garantia de direitos. São momentos de luta, de solidariedade, de aprendizagens e conquistas. São vivências pedagógicas e políticas, plenas de significado, que se dão no sentido **(des)humanização => humanização; exclusão => inclusão; morte => vida**. São experiências coletivas e transformadoras por excelência.

É a compreensão dessa dinâmica que fundamenta toda a crítica à educação escolar tradicional. Na concepção tradicional, a educação se concretiza em oposição à emancipação humana, e tem por centralidade os conteúdos e a condição do processo como detentores do conhecimento. O aluno é um simples depositário e, nessa condição, cabem-lhe o silêncio, a memorização e a repetição das "lições". A educação tradicional, fragmentada e alheia às experiências e culturas dos estudante, tem fim em si mesma. Antes "conforma" do que "transforma". É a **pedagogia das elites** que, segundo Paulo Freire, só poderia ser superada pela **pedagogia do oprimido**.

Viver essa história e, mais especificamente, esse processo, nos possibilitou, enquanto educadoras, renovar nossa crença no potencial transformador e humanizador da educação. Esperamos que este material contribua com os processos de formação dos educadores, e que eles tomem para si o desafio de se colocarem como mestres-aprendizes não somente nos espaços formais de aprendizagem, mas de maneira plena ao longo de todas as experiências vividas.

A EJA é um exemplo de que isso não é uma utopia, mas uma realidade desafiadora, construída por muitas mãos, com intenso trabalho e infinitos sonhos.

Referências

ABRAMOVAY, M.; CASTRO, M. G. **Juventude, juventudes**: o que une e o que separa. Brasília: Unesco, 2006.

ABRAMOVAY, M.; CASTRO, M. G. Políticas para quem e para o quê: conceitos e perspectivas de juventude em documentos de políticas do Banco Mundial e do Conselho Nacional de Juventude (Conjuve). In: SEMINÁRIO POPULAÇÃO, POBREZA E DESIGUALDADE, 2007, Belo Horizonte. **Anais**... Disponível em: <http://www.abep.nepo.unicamp.br/SeminarioPopulacaoPobrezaDesigualdade2007/docs/SemPopPob07_Castro.pdf>. Acesso em: 29 set. 2009.

ARROYO, M. A educação de jovens e adultos em tempos de exclusão. **Alfabetização e Cidadania: Revista de educação de jovens e adultos**, v. 11, p. 9-20, 2001.

BENTO, M. A. S.; Nathalie, B. Juventude negra e exclusão radical. **Ipea – políticas sociais - acompanhamento e análise**, 2005. Disponível em: <http://www.ipea.gov.br/sites/000/2/publicacoes/bpsociais/bps_11/ENSAIO4_Maria.pdf>. Acesso em: 1º out. 2009.

BORGES, L. Duas experiências em duas redes de formação: aprendizados e desafios. In: SOARES, L. **Formação de educadores de jovens e adultos**. Belo Horizonte: Autêntica; Secad-MEC; Unesco, 2006. p. 142-158.

BOURDIEU, P. **A economia das trocas simbólicas**. São Paulo: Perspectiva, 2007.

BOURDIEU, P. A escola conservadora: as desigualdades fronte à escola e à cultura. In: NOGUEIRA, M.A.; CATANI, A. (Org.). **Escritos de educação**. Petrópolis: Vozes, 1998.

BOURDIEU, P.; PASSERON, J. C. **A reprodução**: Elementos para uma teoria do sistema de ensino. Rio de Janeiro: Francisco Alves, 1974.

BRANCO, V. **A sala de aula na educação de jovens e adultos**. Curitiba: Editora da UFPR, 2007. v. 29.

BRASIL. Constituição (1988). **Diário Oficial [da] República Federativa do Brasil**, Brasília, DF, 5 out. 1988. Disponível em: <http://www.planalto.gov.br/ccivil_03/Constituicao/Constituicao.htm>. Acesso em: 15 abr. 2011.

BRASIL. Lei n. 8.069, de 13 de julho de 1990. **Diário Oficial da União**, Poder Legislativo, Brasília, DF, 16 jul. 1990. Disponível em: <http://www.planalto.gov.br/ccivil_03/Leis/L8069.htm>. Acesso em: 20 abr. 2011.

BRASIL. Lei. n. 9.394, de 20 de dezembro de 1996. **Diário Oficial da União**, Poder Legislativo, Brasília, DF, 23 dez. 1996. Disponível em: <http://www.planalto.gov.br/ccivil_03/Leis/L9394.htm>. Acesso em: 15 abr. 2011.

BRASIL. Lei n. 10.172, de 9 de janeiro de 2001. **Diário Oficial da União**, Poder Legislativo, Brasília, DF, 10 jan. 2001. Disponível em: <www.planalto.gov.br/ccivil_03/Leis/LEIS_2001/L10172.htm>. Acesso em: 18 abr. 2011.

BRASIL. Lei n. 11.494, de 20 de junho de 2007. **Diário Oficial da União**, Poder Legislativo, Brasília, DF, 21 jun. 2007. Disponível em: <http://www.planalto.gov.br/ccivil_03/_Ato2007-2010/2007/Lei11494.htm>. Acesso em: 18 abr. 2011.

BRASIL. Ministério da Educação. Conselho Nacional de Educação. Câmara de Educação Básica. Parecer n. 11, de 10 de maio de 2000a. Relator: Carlos Roberto Jamil Cury. **Diário Oficial da União**, Brasília, DF, 9 jun. 2000.

BRASIL. Ministério da Educação. Conselho Nacional de Educação. Câmara de Educação Básica. **Resolução n. 1, de 5 de julho de 2000b**. Disponível em: <http://portal.mec.gov.br/cne/arquivos/pdf/CEB012000.pdf>. Acesso em: 3 mar. 2011.

BRASIL. Ministério da Educação. Instituto Nacional de Pesquisas Educacionais Anísio Teixeira. **Mapa do analfabetismo no Brasil**. Brasília: MEC: Inep. 2003. Disponível em: <http://www.oei.es/quipu/brasil/estadisticas/analfabetismo2003.pdf>. Acesso em: 21 mar. 2011.

BRASIL. Ministério da Educação. Secretaria de Educação Continuada, Alfabetização e Diversidade. **Documento Nacional Preparatório à VI Conferência Internacional de Educação de Adultos (VI Confitea)**. Brasília; Goiânia. MEC; Funape/UFG, 2009.

BRASIL. Ministério do Desenvolvimento Agrário. Instituto Nacional de Colonização e Reforma Agrária. **Programa Nacional de Educação na Reforma Agrária**: Manual de operações. Brasília, DF, abr. 2004. Disponível em: <http://www.incra.gov.br/

portal/arquivos/projetos_programas/0127102302.pdf>. Acesso em: 18 abr. 2011.

CAMPOS, O. S. **Negros trabalham mais, mas ganham menos**. PNUD Brasil, Brasília, 11 set. 2008. Disponível em: <http://www.pnud.org.br/raca/reportagens/index. php?id01=3035&lay=rac>. Acesso em: 19 abr. 2011.

CESAR, M. R. A. **A invenção da adolescência no discurso psicopedagógico**. São Paulo: Editora da Unesp, 2008.

CHARLOT, B. **Relação com o saber, formação dos professores e globalização**: Questões para a educação hoje. Porto Alegre: Artmed, 2005.

CORROCHANO, M. C. et al. **Jovens e trabalho no Brasil**: desigualdades e desafios para as políticas públicas. São Paulo: Ação Educativa; Instituto Ibi, 2008. Disponível em: <http://www.acaoeducativa.org.br/portal/index.php?option=com_content&task=view&id=1509>. Acesso em: 19 abr. 2011.

CORTELLA, M. S. Aprendendo na escola e na ONG. In: CARVALHO, M. C. B. (Org.). **Muitos lugares para aprender**. São Paulo: Cenpec, 2003.

CORTI, A. P.; SOUZA, R. **Diálogos com o mundo juvenil**: Subsídios para educadores. São Paulo: Ação Educativa, 2004.

COSTA, J. F. Perspectivas da juventude na sociedade de mercado. In: NOVAES, R. V. P. (Org.). **Juventude e Sociedade**: trabalho, educação, cultura e participação. Rio de Janeiro: Fundação Perseu Abramo, 2004.

COSTANZI, R. N. Diagnóstico da situação da juventude no Brasil. **Trabalho decente e juventude no Brasil**. Brasília: Organização Internacional do trabalho, 2009. p. 220. Disponível em: <http://www.oitbrasil.org.br/topic/decent_work/doc/news_9.pdf>. Acesso em: 13 out. 2009.

DI PIERRO, M. C. Notas sobre a redefinição da identidade e das políticas públicas de educação de jovens e adultos no Brasil. **Educação e Sociedade**, v. 26, n. 92, p. 1115-1139, out. 2005.

DIEESE – Departamento Intesindical de Estatística e Estudos Econômicos. **Reduzir a jornada de trabalho é gerar empregos de qualidade**. Nota técnica n. 57, nov. 2007. Disponível em: <http://www.dieese.org.br/assinante.download. do?arquivo=notatecnica/notatec57JornadaTrabalho.pdf>. Acesso em: 19 abr. 2011.

EDUCAÇÃO DE JOVENS E ADULTOS. In: Fóruns EJA Brasil. Disponível em: <http://forumeja.org.br/mode/1081>. Acesso em: 26 out 2009.

FASHEH, M. Como erradicar o analfabetismo sem erradicar os analfabetos? Tradução de IRELAND, Timothy. **Revista Brasileira de Educação**, n. 26, p. 157-169, maio/ago. 2004. Disponível em: <http://www.anped.org.br/rbe/rbedigital/rbde26/rbde26_14_espaco_aberto_-_munir_fasheh.pdf>. Acesso em: 25 abr. 2011.

FREIRE, P. **Pedagogia da autonomia**: saberes necessários à prática educativa. 17. ed. São Paulo: Paz e Terra, 2001.

_____. **Pedagogia do oprimido**. Rio de Janeiro: Paz e Terra, 1987.

GENTILI, P. **A falsificação do consenso**: simulacro e imposição na reforma educacional do neoliberalismo. 2. ed. Petrópolis: Vozes, 2001.

HADDAD, S. (Coord.). **O estado da arte das pesquisas em Educação de Jovens e Adultos no Brasil**: A produção discente da pós-graduação em Educação no período 1986-1998. São Paulo: Ação Educativa, 2000. Disponível em: <http://www.cinterfor.org.uy/public/spanish/region/ampro/cinterfor/temas/youth/doc/not/libro285/libro285.pdf>. Acesso em: 19 abr. 2011.

HEILBORN, M. L.; ARAÚJO, L.; BARRETO, A. **Gênero e diversidade na escola: Formação de professoras/ES em gênero, orientação sexual e relações étnico-raciais** – Livro de conteúdo. Rio de Janeiro: Cepesc, 2009. Disponível em: <http://www.e-clam.org/downloads/GDE_VOL2_final.pdf>. Acesso em: 20 abr. 2011.

HENRIQUES, R.; DEFOURNY, V. Prefácio. In: SOARES, L. **Formação de educadores de jovens e adultos**. Belo Horizonte: Autêntica; Secad-MEC; Unesco, 2006.

IBGE – Instituto Brasileiro de Geografia e Estatística. **Pesquisa Nacional por Amostra de Domicílios**: Lista de tabelas 2006 – Síntese de indicadores. Disponível em: <http://www.ibge.gov.br/home/estatistica/populacao/trabalhoerendimento/pnad2006/tabsintese.htm>. Acesso em: 19 abr. 2011.

IBGE – Instituto Brasileiro de Geografia e Estatística. **Sala de Imprensa**: Pesquisa Nacional por Amostra de Domicílios 2008. Disponível em: <http://www.ibge.gov.br/home/presidencia/noticias/noticia_visualiza.php?id_noticia=1455&id_pagina=1>. Acesso em: 21 mar. 2011.

LARROSA, J. **Linguagem e educação depois de Babel**. Belo Horizonte: Autêntica, 2004.

LEÓN, O. D. Adolescência e juventude: das noções às abordagens. In: FREITAS, M. V. **Juventude e adolescência no Brasil**: referências conceituais. São Paulo: Ação Educativa, 2005.

LIMA, J. S. P. **Banco Mundial e Sistema de Ensino Superior**: desenvolvimento ou controle externo. 2004. 160 f. Dissertação (Mestrado em Direito) – Universidade Federal de Santa Catarina, Florianópolis, 2004. Disponível em: http://www.buscalegis.ufsc.br/arquivos/banco%20mundial%20-%202004.pdf. Acesso em: 15 abr. 2011.

MARQUES, M. O. **A aprendizagem na mediação social do aprendido e da docência**. Ijuí: Editora da Unijuí, 1995.

MARTINS, J. S. **Exclusão social e a nova desigualdade**. São Paulo: Paulus, 1997.

NOGUEIRA, A. I. **Para uma educação permanente à roda da vida**. Lisboa: Instituto de Inovação Educacional, 1996.

OLIVEIRA, I. B. Reflexões acerca da organização curricular e das práticas pedagógicas na EJA. **Educar**, Curitiba, n. 29, p. 83-100, 2007. Disponível em: < http://www.scielo.br/pdf/er/n29/07.pdf>. Acesso em: 25 abr. 2011.

PRIETO, A. C. S. **Analfabetismo funcional**: uma triste realidade de nosso país. Planeta Educação. Disponível em: <http://www.planetaeducação.com.br/portal/artigo.asp?artigo=700>. Acesso em: 1º mar. 2011.

RIBEIRO, V. M. M. **Alfabetismo e atitudes**. São Paulo; Campinas: Ação Educativa; Papirus, 1999.

RODRIGUEZ, L. M. Educação de Jovens e Adultos na América Latina: políticas de melhoria ou de transformação; reflexões com vistas à VI Confintea. **Revista Brasileira de Educação**, v. 14, n. 41, p. 326-334, maio/ago. 2009. Disponível em: <http://www.scielo.br/pdf/rbedu/v14n41/v14n41a10.pdf>. Acesso em: 20 abr. 2011.

ROMÃO, J. E.; GADOTTI, M. **Educação de adultos**: identidades, cenários e perspectivas. Brasília: Liber Livro, 2007.

SANTOS, B. S. Para além do pensamento abissal: das linhas globais a uma ecologia de saberes. **Novos Estudos**, São Paulo, n. 79, p. 71-94, nov. 2007. Disponível em: <http://www.scielo.br/pdf/nec/n79/04.pdf>. Acesso em: 18 abr. 2011.

SILVA, R. C. e. A presença ausente das pessoas que vivem o período de vida denominado adolescência. In: ROHDEN, F. ; ARAÚJO, L.; BARRETO, A. **Os desafios da transversalidade em uma experiência de formação on line**: curso Gênero e Diversidade na Escola. Rio de Janeiro: Cepesc, 2008. p. 103-112. Disponível em: <http://www.clam.org.br/gde/publicacoes/Colecao_Documentos_CLAM_GDE.pdf>. Acesso em: 20 abr. 2011.

SOARES, M. Letramento e escolarização. In: RIBEIRO, V. M. O. **Letramento no Brasil**: reflexões a partir do Inaf 2001. São Paulo: Global Editora, 2003. p. 89-114.

SOUZA, S. C. **Método Paulo Freire**: a reinvenção de um legado. Brasília: Liber Livro Editora, 2008.

SPOSITO, M.P. **Apontamentos para discussão sobre a condição juvenil do Brasil**. Programa Salto para o Futuro - TV Escola. Rio de Janeiro, jun. 2004. Disponível em: <http://www.redebrasil.tv.br/salto/boletins2004/em/tetxt1.htm>. Acesso em: 3 mar. 2011.

TORRES, R. M. **Educação para todos**: a tarefa por fazer. Porto Alegre: Artmed, 2001.

UNESCO. **Confitea V**: Declaração de Hamburgo sobre Educação de Adultos. Julho 1997. Disponível em: <http://unesdoc.unesco.org/images/0012/001297/129773porb.pdf>. Acesso em: 22 maio 2010.

UNESCO. **Confitea VI**: Marcos de ação em Belém. Brasília, abril de 2010. Disponível em <http://unesdoc.unesco.org/images/0018/001877/187787por.pdf>. Acesso em: 22 maio 2010.

UNESCO. **Declaração mundial sobre educação para todos (I) e Plano de ação para satisfazer as necessidades básicas de aprendizagem (II)**. Jomtien, mar. 1990. Disponível em: <http://www.acaoeducativa.org.br/downloads/Declaracao_Jomtien.pdf>. Acesso em: 18 abr. 2011.

VENTURA, J. P. **Educação de jovens e adultos ou educação da classe trabalhadora?** Concepções em disputa na contemporaneidade brasileira. 2002. 302 f. Tese (Doutorado em Educação) – Universidade Federal Fluminense, Niterói, 2008. Disponível em: <http://www.uff.br/61E69ED5-C651-40DE-AEBF-78465D5D854B/FinalDownload/DownloadId-25F42794CD09C3A2E3CDE8B6836AF618/61E69ED5-C651-40DE-AEBF-78465D5D854B/pos_educacao/joomla/images/stories/Teses/ventura.pdf>. Acesso em: 28 abr. 2011.

WACQUANT, L. **As prisões da miséria**. Rio de Janeiro: J. Zahar, 2001.

Sites para pesquisa

Indicamos a seguir alguns sites em que você encontrará informações para realização de pesquisas. Em alguns deles, você terá, inclusive, a oportunidade de fazer gratuitamente o download de arquivos, os quais poderão ser utilizados como referências em seus trabalhos.

Ação Educativa

Disponível em: <http://www.acaoeducativa.org>.

Biblioteca Digital Paulo Freire

Disponível em: <http://www.paulofreire.ufpb.br>.

Centro de Referência em educação de Jovens e Adultos da Alfasol

Disponível em: <http://www.cereja.org.br>.

Domínio Público – Biblioteca digital desenvolvida em software livre

Disponível em: <http://www.dominiopublico.gov.br>.

Fóruns EJA Brasil – Portal dos Fóruns de EJA

Disponível em: <http://www.forumeja.org.br>.

Instituto Brasileiro de Geografia e Estatística – IBGE

Disponível em: <http://www.ibge.gov.br>.

Instituto Nacional de Estudos e Pesquisas Educacionais Anísio Teixeira – INEP

Disponível em: <http://www.inep.gov.br>.

Instituto Paulo Freire

Disponível em: <http://www.paulofreire.org>.

Portal do Ministério da Educação

Disponível em: <http://www.mec.gov.br>.

Sobre as autoras

Cláudia Regina de Paula é doutoranda em Educação pela Universidade do Estado do Rio de Janeiro (UERJ) e mestre em Política Social (2004) pela Universidade Federal Fluminense (UFF). Licenciada em Pedagogia pela UERJ (1999), especializou-se em Relações Raciais e Educação (2002), pelo Programa de Educação sobre o Negro na Sociedade Brasileira, (Penesb) da UFF.

Atuou na Educação de Jovens e Adultos na rede municipal de ensino de Nova Iguaçu/RJ e na assessoria pedagógica do Projeto "Escola Cidadã", do Instituto Paulo Freire, no mesmo município. Nos últimos anos vem se dedicando ao estudo das políticas curriculares, dos movimentos sociais, da educação popular e também ao campo das desigualdades de gênero e raça.

Atualmente é pesquisadora associada ao Laboratório de Estudos Afro-Brasileiros (Leafro), vinculado ao Núcleo de Estudos Afro-Brasileiros e Indígenas (Neabi) da Universidade Federal Rural do Rio de Janeiro (UFRRJ). É professora do curso de pós-graduação "Diversidade Étnica e Educação Brasileira" e representa a Pró-Reitoria de Pós-Graduação da UFRRJ no Instituto Multidisciplinar. Publicou pela Editora InterSaberes o livro Educar para a diversidade: entrelaçando redes, saberes e identidades.

Marcia Cristina de Oliveira é mestre em Educação (2003) pela Universidade de São Paulo (USP) e licenciada em Pedagogia (1996) pela mesma instituição. Especializou-se nas áreas de Formação de Professores e de Educação de Jovens e Adultos. É pós-graduada na área de políticas públicas pela Universidade Federal de Minas Gerais (UFMG).

Atua em organizações não governamentais (ONGs) há 15 anos, no campo da defesa dos direitos educacionais. Atualmente coordena a Educação de Adultos do Instituto Paulo Freire, propondo e desenvolvendo programas e projetos voltados à alfabetização e escolarização de jovens e adultos. Também assessora secretarias de educação nos processos de elaboração e implantação de políticas públicas integradas e inclusivas.

Os papéis utilizados neste livro, certificados por instituições ambientais competentes, são recicláveis, provenientes de fontes renováveis e, portanto, um meio responsável e natural de informação e conhecimento.

FSC
www.fsc.org
MISTO
Papel produzido
a partir de
fontes responsáveis
FSC® C103535

Impressão: Reproset
Junho/2021